미국
초등학교에서 배우는
수학 교과서
영어

미국 초등학교에서 배우는 수학 교과서 영어

1판 1쇄 발행 | 2010. 4. 13.
1판 11쇄 발행 | 2024. 7. 27.

양희욱 글 | 유남영 그림

발행처 김영사 | 발행인 박강휘
등록번호 제 406-2003-036호
등록일자 1979. 5. 17.
주   소 경기도 파주시 문발로 197(우-10881)
전   화 마케팅부 031-955-3100 편집부 031-955-3113~20
팩   스 031-955-3111

값은 표지에 있습니다.
ISBN 978-89-349-3853-8 63740

좋은 독자가 좋은 책을 만듭니다. 김영사는 독자 여러분의 의견에 항상 귀 기울이고 있습니다.
전자우편 book@gimmyoung.com | 홈페이지 www.gimmyoungjr.com

|어린이제품 안전특별법에 의한 표시사항| 제품명 도서 제조년월일 2024년 7월 27일
제조사명 김영사 주소 10881 경기도 파주시 문발로 197 전화번호 031-955-3100 제조국명 대한민국
사용 연령 10세 이상 ⚠주의 책 모서리에 찍히거나 책장에 베이지 않게 조심하세요.

미국
초등학교에서 배우는
수학 교과서
영어

ENGLISH

주니어김영사

미국 수학 교과서의 신이 되세요!

여러분은 혹시 미국 교과서에 나오는 수학 문제를 풀어 본 적이 있나요?

국내의 초·중·고등학교들이 앞다투어 영어몰입교육을 확대하고 있고, 국내의 국제중학교 및 특수목적 고등학교들은 한국인 교사에 의한 영어와 한국어 수업을 병행하는 이중언어수업(Bilingual Class)을 진행하고 있습니다. 국제중학교의 수학 과목의 경우도 한국인 교사가 이중언어수업을 진행하며, 경우에 따라 원어민 선생님도 수업을 진행하지요.

미국 수학 교과서를 가르치다 보면 문제를 어떻게 풀어야 할지 몰라 고민하는 학생들을 많이 봅니다. 기초가 튼튼하다고 생각되는 학생들도 예외가 아닙니다. 그런데 참 이상하죠? 한국 학생들이 수학을 못하다니……. 그 학생들이 수학을 못해서가 아닙니다. 한국 수학을 어느 정도 공부했다면 문제 자체가 어려워서 풀지 못하는 학생은 없을 거예요. 그러면 무엇이 문제일까요? 바로 미국 수학 교과서에 나오는 용어와 개념 때문이지요.

미국 수학의 기본적인 용어와 개념에 대한 이해 없이 문제를 풀다가는 쉽게 포기하게 됩니다. 《미국 초등학교에서 배우는 수학 교과서 영어》는 이러한 학생들을 위해 더없이 좋은 책이라고 생각합니다. 딱딱하고 학문적인 용어를 나열하거나 수학 개념을 추상적으로 정의하지 않고, 재미있는 그림과 예문을 곁들여서 마치 재미난 동화책을 읽듯이 미국 수학 교과서에 나오는 용어들과 기본 개념들을 설명해 주고 있어 두려움을 가진 학생들에게 친절한 안내자 역할을 하고 있기 때문입니다.

이 책은 미국 수학의 기본 항목이라고 할 수 있는 Number(수)와 Addition(덧셈)부터 Shape(도형)까지를 알기 쉽게 풀이한 책입니다. 미국에서 수학을 공부하는 학생들이면 반드시 만나게 되고 또 알아야 하는 용어와 기본 개념들은 물론이고 일상생활 속에서 접할 수 있는 수학 용어 관련 표현, 콕콕 짚어주는 수학 어휘, 학년별로 배우는 다양한 표현, 이야기로 풀어보는 수학 문제, 교실에서 쓰는 영어 표현, 재미있는 수학 이야기 등 다양한 코너가 있지요.

이 책 한 권이면 미국 초·중학교의 수학 내용을 미리 공부하면서 기초를 튼튼히 다지는 것은 물론, 영어에도 자신감이 생길 거예요. 따라서 영어몰입교육과 이중언어수업, 국제중학교와 특수목적 고등학교 또는 미국 유학을 대비하는 학생들에게 권할 만한 책입니다. 학생 여러분들이 이 책을 통해 영어와 수학을 더욱 흥미로운 과목으로 받아들이기를 바랍니다.

2010년 4월 양희욱

Contents

Chapter 1

Number 수

기수 읽기

　우리가 수를 나타낼 때는 0, 1, 2, 3, 4, 5, 6, 7, 8, 9의 열 개 숫자를 사용하는데, 이것을 '아라비아 숫자(Arabic numbers)'라고 하죠. 그런데 사실 아라비아 숫자는 아주 오래 전에 인도에서 만들어졌답니다. 그 후에 아라비아를 거쳐 유럽으로 전해진 것이죠. 아무리 큰 수라도 이 열 개의 숫자로 쉽고 간단하게 나타낼 수 있기 때문에, 오늘날 셈이나 수의 기록이 아주 편리하게 되었죠.

　수는 크게 기수와 서수로 나뉠 수 있어요. 기수는 '일, 이, 삼, 사, 오……'와 같이 개수 등을 세거나 셈을 할 때 읽는 수를 말하고, 서수는 '첫 번째, 두 번째, 세 번째, 네 번째, 다섯 번째……'와 같이 순서를 나타내는 수를 뜻해요. 영어로

'기수'는 cardinal number, '서수'는 ordinal number라고 하죠.

기수는 다시 짝수와 홀수로 구분할 수 있어요. 2, 4, 6, 8, 10…과 같은 '짝수'를 영어로는 even number라고 하고, 1, 3, 5, 7, 9…와 같은 '홀수'는 odd number라고 하죠.

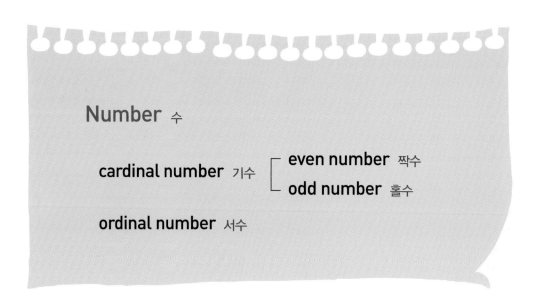

Number 수

cardinal number 기수 ┌ **even number** 짝수
                         └ **odd number** 홀수

ordinal number 서수

용알 용알

그럼 먼저 기수를 영어로 읽어 볼까요?

우선 0부터 19까지 아래의 숫자들을 차례대로 함께 읽어 보아요.

0	zero	10	ten
1	one	11	eleven
2	two	12	twelve
3	three	13	thirteen
4	four	14	fourteen
5	five	15	fifteen
6	six	16	sixteen
7	seven	17	seventeen
8	eight	18	eighteen
9	nine	19	nineteen

어때요? 뭔가 공통점이 느껴지지 않나요? 13부터 19까지는 끝이 -teen 으로 끝난다는 공통점이 있는데, 여기서 -teen은 '10'을 뜻해요. 그래서 '십대의 청소년'을 teenager(틴에이저)라고 한답니다. 또 -teen의 앞부분은 three부터 nine까지와 똑같거나 비슷하죠? thirteen, fifteen, eighteen의 앞부분만 약간 다르니까 이 점은 눈여겨봐 두세요. 이번에는 20부터 이어서 계속 읽어 봅시다.

20	twenty	30	thirty
21	twenty-one	40	forty
22	twenty-two	50	fifty
23	twenty-three	60	sixty
24	twenty-four	70	seventy
25	twenty-five	80	eighty
26	twenty-six	90	ninety
27	twenty-seven	100	one hundred (= a hundred)
28	twenty-eight	200	two hundred
29	twenty-nine	300	three hundred

20은 twenty이고, 21부터는 twenty 뒤에 다시 one, two, three...를 붙여 주면 돼요. 이때 십의 자릿수와 일의 자릿수 사이에는 꼭 '-(하이픈)'을 쓰고요. 따라서 21, 22, 23…은 twenty-one, twenty-two, twenty-three... 이런 식으로 나가게 되는 거죠.

한편, 20, 30, 40, 50…과 같은 십의 단위는 끝이 -ty로 끝난다는 공통점이 있어요. -ty의 앞부분도 two부터 nine까지와 똑같거나 비슷하니 헷갈리지 않게 잘 확인해 두세요.

백의 단위는 hundred로 나타내요. hundred 앞에 one, two, three, four, five...를 붙여 주면 100, 200, 300, 400, 500…이 되죠. 그럼 101, 102, 103…은 어떻게 읽으면 될까요? 맞아요. one hundred 뒤에 다시 one, two, three...를 계속 붙여 나가면 된답니다.

101	one hundred one	201	two hundred one
102	one hundred two	202	two hundred two
103	one hundred three	203	two hundred three
	⋮		⋮
110	one hundred ten	210	two hundred ten
111	one hundred eleven	211	two hundred eleven
112	one hundred twelve	212	two hundred twelve
	⋮		⋮
120	one hundred twenty	220	two hundred twenty
121	one hundred twenty-one	221	two hundred twenty-one
122	one hundred twenty-two	222	two hundred twenty-two
	⋮		⋮
130	one hundred thirty	230	two hundred thirty
140	one hundred forty	240	two hundred forty
150	one hundred fifty	250	two hundred fifty

어때요? 아주 간단하죠?
1부터 100까지만 읽을 줄 알면 그 다음부터는
백의 단위 뒤에 one, two, three...를
다시 똑같이 붙여 주면 돼요.

마지막으로 수를 읽는 단위를 알아보아요. 영어에서는 천 단위로 세 자리씩 끊어 읽어요. 그래서 ten(십), hundred(백) 다음에는 thousand(천), million(백만), billion(십억), trillion(조) 이렇게 되죠.

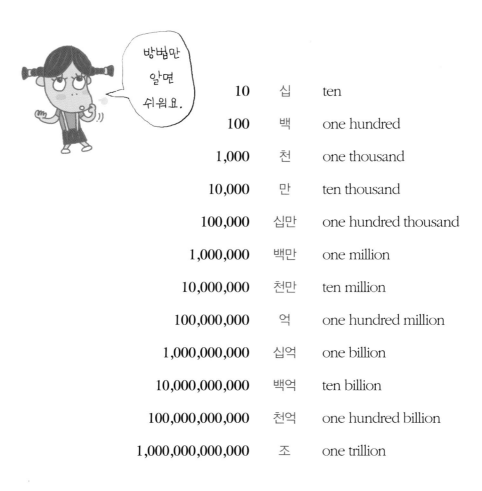

10	십	ten
100	백	one hundred
1,000	천	one thousand
10,000	만	ten thousand
100,000	십만	one hundred thousand
1,000,000	백만	one million
10,000,000	천만	ten million
100,000,000	억	one hundred million
1,000,000,000	십억	one billion
10,000,000,000	백억	ten billion
100,000,000,000	천억	one hundred billion
1,000,000,000,000	조	one trillion

참고로 hundred, thousand, million 등은 앞에 two, three, four…와 같은 복수의 수가 와도 끝에 -s를 붙이지 않아요. 단, '수백의', '수천의', '수백만의'라고 할 때는 hundreds of, thousands of, millions of와 같이 -s를 붙이죠.

다음 수를 읽어 보세요.

1 13 _____
2 30 _____
3 14 _____
4 40 _____
5 15 _____
6 50 _____
7 18 _____
8 80 _____
9 68 _____
10 94 _____
11 243 _____
12 721 _____

서수 읽기

서수는 '첫 번째, 두 번째, 세 번째……'와 같이 순서를 나타내는 수라고 했어요. 그럼 영어로는 어떻게 읽는지 한번 볼까요?

1st	first	**11th**	eleventh
2nd	second	**12th**	twelfth
3rd	third	**13th**	thirteenth
4th	fourth	**14th**	fourteenth
5th	fifth	**15th**	fifteenth
6th	sixth	**16th**	sixteenth
7th	seventh	**17th**	seventeenth
8th	eighth	**18th**	eighteenth
9th	ninth	**19th**	nineteenth
10th	tenth		

먼저 왼쪽의 숫자를 보면 각 숫자 끝에 -st, -nd, -rd, -th 등이 붙어 있는 게 보이죠? 기수와 구별해 주기 위해서 이렇게 붙여 준답니다. 그러니까 요런 게 붙어 있으면 서수를 나타낸다고 생각하면 됩니다. 서수는 '첫 번째, 두 번째, 세 번째'까지는 first, second, third이고, 그 다음부터는 기수 끝에 -th를 붙여서 읽으면 돼요. 그래서 숫자 뒤에도 4th, 5th, 6th…와 같이 -th를 붙여 주는 거죠. 1st, 2nd, 3rd는 first, second, third의 끝부분을 따서 붙인 거고요.

한편, -th가 붙는 서수에서도 몇 가지 주의해서 보아야 할 스펠링이 있어요. 5th는 fiveth가 아니라 ve가 f로 바뀐 fifth이고, 8th는 eight의 끝이 t로 끝나기 때문에 그냥 h만 붙여서 eighth이죠. 9th는 nineth가 아니라 e가 빠진 ninth이고, 12th는 twelve에서 ve가 f로 바뀐 twelfth랍니다. 그럼 이어서 20번째부터 읽어 볼까요?

20th	twentieth		**30th**	thirtieth
21st	twenty-first		**40th**	fortieth
22nd	twenty-second		**50th**	fiftieth
23rd	twenty-third		**60th**	sixtieth
24th	twenty-fourth		**70th**	seventieth
25th	twenty-fifth		**80th**	eightieth
26th	twenty-sixth		**90th**	ninetieth
27th	twenty-seventh		**100th**	one hundredth
28th	twenty-eighth		**200th**	two hundredth
29th	twenty-ninth		**300th**	three hundredth

20번째, 30번째, 40번째……의 십의 단위를 보면 'twenty → twentieth', 'thirty → thirtieth'와 같이 기수에서의 y가 ie로 바뀐 다음 -th가 붙는다는 것을 알 수 있어요. 그리고 21번째, 22번째, 23번째, 24번째……로 갈 때는 다시 first, second, third, fourth...를 붙여 나가면 되죠.

'백 번째'는 one hundred에 -th를 붙여서 one hundredth 하면 되는데, 앞에 the가 붙으면 one을 빼고 그냥 the hundredth라고 해요. '천 번째'는 one thousandth 또는 the thousandth, '백만 번째'는 one millionth 또는 the millionth가 되죠.

다음 수를 읽어 보세요.

1 1st _____

2 2nd _____

3 3rd _____

4 5th _____

5 8th _____

6 9th _____

7 12th _____

8 29th _____

9 40th _____

10 57th _____

11 90th _____

12 101th _____

Break Time

미국 주유소에 가면 Odd-even Gas Sales라고 쓰여 있는 간판을 가끔 볼 수 있는데, 이 말은 휘발유의 '홀짝 판매제'라는 뜻이에요. 홀수 날에는 홀수 번호의 차에만 휘발유를 판매하고, 짝수 날에는 짝수 번호의 차에만 휘발유를 판매한다는 뜻이죠.

미국의 몇몇 주유소에서는 석유값이 치솟아 석유가 부족할 때 홀수·짝수 방식으로 휘발유를 판매한답니다.

콕콕 짚어주는 수 어휘

Arabic numbers	아라비아 숫자
cardinal number	기수
ordinal number	서수
even number	짝수
odd number	홀수
zero	영(0), 제로
ten	십(10)
one hundred	백(100)
one thousand	천(1,000)
one million	백만(1,000,000)
one billion	십억(1,000,000,000)
one trillion	조(1,000,000,000,000)

학년별로 배우는 수 표현

➜ G1-G3 수준

What is the number? 수가 뭐죠?

2 is an even number. 2는 짝수예요.

5 is an odd number. 5는 홀수예요.

Write the number 1, 2, 3, 4, 5, 6, 7, 8, 9, and 10 on your notebook.

공책에 숫자 1, 2, 3, 4, 5, 6, 7, 8, 9, 10을 적어 보세요.

Circle the largest number. 가장 큰 수에 동그라미 하세요.

Circle the smallest number. 가장 작은 수에 동그라미 하세요.

Practice with "more" and "fewer." '더 많은'과 '더 적은'을 연습하세요.

어휘

circle	largest	smallest
원을 그리다	가장 큰	가장 작은

practice	more	fewer
연습하다	더 많은	더 적은

영어로 하는 수업이라 두근두근 거리죠?
차근차근 교실 영어 표현들을 익혀 보아요.
한결 자신감이 생길 거예요.

수업 시작할 때

- Let's start our English class now. 이제 영어 수업을 시작합시다.
- Is everybody ready to start? 모두 시작할 준비 되었나요?
- I'm waiting for you to be quiet.
  여러분들이 조용해지기를 기다리고 있어요.
- Are you ready? 여러분 준비됐어요?
- It's time to start now. 이제 수업을 시작합니다.

출석을 부를 때

- I'll call your names. 출석을 부르겠어요.
- Is everyone here? 다 왔나요?
- Is anybody absent today? 오늘 결석한 사람 있나요?
- Who's missing? 누가 안 왔나요?
- Does anyone know where he is? 그가 어디 있는지 아는 사람?

Chapter 2

Digit and Place Value
숫자와 자릿값

숫자와 자릿값 영어교실

숫자

이번 시간에는 숫자(digit)와 자릿값(place value)에 대해 공부해 볼까요? 먼저, digit는 아라비아 숫자 0부터 9까지, 즉 0, 1, 2, 3, 4, 5, 6, 7, 8, 9의 열 개 숫자 중 하나를 의미해요. 그래서 이들 숫자 중 한 개가 있으면 one digit, 두 개가 있으면 two digits, 세 개가 있으면 three digits가 되죠.

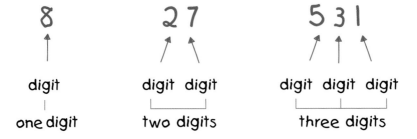

8

8 has one digit. 8은 한 자리의 숫자를 가지고 있다.

8 is a one-digit number. 8은 한 자리 수이다.

27

27 has two digits. 27은 두 자리의 숫자를 가지고 있다.

27 is a two-digit number. 27은 두 자리 수이다.

531

531 has three digits. 531은 세 자리의 숫자를 가지고 있다.

531 is a three-digit number. 531은 세 자리 수이다.

어때요?
이제 digit가 뭔지 알 수 있겠죠?
그럼 문제를 통해
좀 더 연습해 보자고요.

빈칸에 알맞은 말을 넣어 보세요.

1 7 has _____ digit. 7 is a _____ -digit number.

2 29 has _____ digits. 29 is a _____ -digit number.

3 100 has _____ digits. 100 is a _____ -digit number.

4 3596 has _____ digits. 3596 is a _____ -digit number.

정답: 1. one / one 2. two / two 3. three / three 4. four / four

자릿값

'4623'이라는 수는 네 개의 digit로 구성되어 있어요. 여기서 3은 일의 자리, 2는 십의 자리, 6은 백의 자리, 4는 천의 자리를 차지하고 있는데, 이런 '자리'를 영어로는 place라고 해요. '일의 자리'는 ones place, '십의 자리'는 tens place, '백의 자리'는 hundreds place, '천의 자리'는 thousands place라고 합니다. 그리고 각 자리를 차지하고 있는 3, 2, 6, 4는 '자릿값', 즉 place value라고 하죠. 그러니까 어떤 수를 이루고 있는 각 digit(숫자)는 서로 다른 place value(자릿값)를 갖는 거예요.

Each digit has a different place value. 각 자리의 수는 다른 자릿값을 갖는다.

3 is in the ones place. 3은 일의 자리에 있다.

2 is in the tens place. 2는 십의 자리에 있다.

6 is in the hundreds place. 6은 백의 자리에 있다.

4 is in the thousands place. 4는 천의 자리에 있다.

빈칸에 알맞은 말을 넣어 보세요.

1 93 ➔ 3 is in the _____ place.

2 708 ➔ 0 is in the _____ place.

3 5117 ➔ 5 is in the _____ place.

4 1596 ➔ 5 is in the _____ place.

자릿값을 나타내는 방법에는 세 가지가 있어요. standard form(일반 형식), expanded form(확장 형식), word form(단어 형식)이죠. 예를 들어, 1,439를 이 세 가지 형식으로 나타내면 다음과 같답니다.

자릿값 표현 형식

standard form	1,439
expanded form	1000 + 400 + 30 + 9
word form	one thousand four hundred thirty-nine

standard form은 일반적인 거니까 그냥 1,439와 같이 숫자를 그대로 써 주는 방식이에요. expanded form은 앞에서 표현된 것처럼 각 숫자를 확장시켜서 보여 주는 방식이죠. 그리고 word form은 말로 풀어 놓는 방식입니다.

세 가지 형식으로 자릿값을 나타내 보세요.

	594	4602
standard form		
expanded form		
word form		

그 자리에서 나올 줄 알았지롱!

30

Break Time

숫자를 쓸 때, 천의 자리가 넘어가면 3,200,881과 같이 세 자리씩 끊어서 쉼표를 찍죠. 이렇게 쉼표로 나뉜 세 자리씩의 묶음을 영어로는 period라고 해요.

$$3,\ 200,\ 881$$

period   period   period

세) 자리씩
묶는 거야.

period

콕콕 짚어주는 숫자와 자릿값 어휘

digit	0~9까지의 숫자
place	자리
value	값
place value	자릿값
ones place	일의 자리
tens place	십의 자리
hundreds place	백의 자리
thousands place	천의 자리
standard form	일반 형식
expanded form	확장 형식
word form	단어 형식

학년별로 배우는 숫자와 자릿값 표현

→ G3 수준

Compare place values. 자릿값을 비교하세요.

Write the place value of the underlined digit. 밑줄 친 숫자의 자릿값을 쓰세요.

Write each in word form. 각각을 단어 형식으로 쓰세요.

Write each number in expanded form. 각 수를 확장 형식으로 쓰세요.

Show 143 in more than one way. 143을 한 가지 이상의 방식으로 보여 주세요.

→ G4 수준 이상

Use a place value chart to find the value of each digit.

자릿값 표를 사용하여 각 숫자의 값을 찾으세요.

• 281,546

Write this number in your place value chart.

이 수를 여러분의 자릿값 표에 써 보세요.

Write this number in standard form, expanded form, and word form.

이 수를 일반 형식, 확장 형식, 단어 형식으로 써 보세요.

어휘

compare	underlined	more than
비교하다	밑줄이 그어진	~ 이상

use	chart	find
사용하다	표	찾다

지각했을 때

- Why are you late for class? 왜 지각했나요?
- You should come into class on time.

  제시간에 수업에 들어와야 해요.
- You should be sitting on your chair before the bell

  rings. 종이 울리기 전에 의자에 앉아 있어야 해요.
- *A*: Sorry I'm late. 늦어서 죄송합니다.

  B: Don't be late again. 다시는 늦지 마세요.

  Try to be on time next time. 다음부터는 시간 맞춰서 오세요.

재미있는 수학 이야기 ①

How do you know gold and silver are mixed together?

금과 은이 섞인 것을 어떻게 아느냐?

아르키메데스(Archimedes, BC 287~BC 212)는 고대 그리스의 과학자이자 수학자이자 기술자로, 수학과 과학에 매우 큰 영향을 준 학자입니다. 한때 알렉산드리아에 유학하였으나 시라쿠사로 돌아와 시라쿠사의 왕 히에론 2세와 그의 아들 겔론의 도움으로 연구에 전념하였습니다.

전설에 의하면 아르키메데스는 시라쿠사로 왕 히에론의 명에 따라 왕관이 순금으로 만든 것인지를 조사해야만 했어요. 그는 고심하던 중에 우연히 목욕탕에서 물에 들어가면 몸이 가볍게 느껴짐을 깨닫고 해결책을 발견했다고 합니다. 은이나 구리 등의 물질은 금보다 밀도가 작기 때문에 같은 질량의 금보다 그 부피가 더 크지요. 따라서 은이나 구리 등을 섞어서 왕관을 만들었다면 같은 질량의 금으로 만든 왕관보다 그 부피가 더 커지는 것이지요. 아르키메데스는 왕관과, 또 그것과 같은 질량의 금을 따로따로 물속에 담근 후 각각에서 넘쳐 흘러나온 물의 부피를 측정하였어요. 그리고 왕관을 넣은 쪽에서 흘러나온 물이 더 많다는 것을 근거로 왕관이 순금으로 만들어지지 않았다는 것을 알아내었어요. 이것이 바로 그 유명한 '부력의 원리'랍니다.

Chapter 3
Addition 덧셈

덧셈 영어교실

덧셈 읽기 1

미나의 사과 3개와 홍철이의 사과 2개를 더하면 사과는 모두 몇 개가 될까요? 3+2=5니까 5개가 되겠죠.

이와 같이 수를 합하여 계산하는 것을 여러분도 잘 알다시피 '덧셈'이라고 합니다. 영어로는 addition이라고 해요. 그리고 3+2=5와 같이 덧셈을 수식으로 나타낸 '덧셈 수식'은 addition sentence라고 하고요.

3 + 2 = 5 → **addition sentence** 덧셈 수식

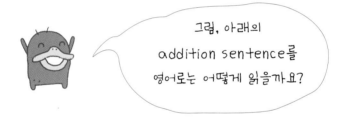

그럼, 아래의
addition sentence를
영어로는 어떻게 읽을까요?

· **3 + 2 = 5** (3 더하기 2는 5)

Three plus two is five.

Three plus two equals five.

· **7 + 1 = 8** (7 더하기 1은 8)

Seven plus one is eight.

Seven plus one equals eight.

· **12 + 23 = 35** (12 더하기 23은 35)

Twelve plus twenty-three is thirty-five.

Twelve plus twenty-three equals thirty-five.

보다시피 우리가 말하는 방식과 똑같죠? 수만 읽을 줄 안다면 아주 쉬워요. 숫자는 그대로 읽어 주고, '+'는 plus, '='는 is 또는 equals라고 읽으면 돼요.

이와 같은 덧셈을 의미하는 addition은 원래 add(더하다)에서 나온 말이에요. 동사 add에 -tion이 붙어서 addition이 된 거죠. 그럼 add와 -tion 사이의 i는 뭘까 궁금해 하는 친구들도 있을 텐데, 너무 어렵게 생각하지 말고 그냥 둘 사이를 딱 붙여 버린 딱풀과 같은 것으로 보면 돼요.

덧셈 읽기 2

4+5=9와 같은 수식을 읽을 때는 앞에서 배운 것처럼 Four plus five is nine. 또는 Four plus five equals nine.이라고 해요. 그럼 '4에 5를 더하세요.' 하고 문제를 낼 때는 어떻게 말할까요? 이때는 add ~ to...를 써서 말한답니다.

Add five. 5를 더하세요.

Add five to four. 4에 5를 더하세요.

참고로, add는 수를 서로 더하는 것뿐만 아니라 뭔가를 보태거나 합친다는 의미로도 두루 쓸 수 있어요. 친구들끼리 축구시합 하려고 팀을 나누고 있는데 갑자기 화장실이 급할 땐 그냥 가면 안 되겠죠. "잊지 말고 나도 끼워 줘." 한마디는 해야 어느 팀에서든 뛸 수 있지 않겠어요? 영어로는 Don't forget to add me in. 하면 된답니다.

다음을 영어로 말할 때, 빈칸에 들어갈 단어를 써 보세요.

1 6+9=15

Six _____ nine _____ fifteen.

2 21+15=36

Twenty-one _____ fifteen _____ thirty-six.

3 7에 8을 더하세요.

_____ eight _____ seven.

44

덧셈 요소들의 이름

3+2=5라는 addition sentence에서 3은 '피가수(더하기 전의 처음 수)'이고, 2는 '가수(더해지는 수)'라고 해요. 5는 3과 2를 더해서 얻은 '합'이고요. 영어로 '피가수'와 '가수'는 둘 다 addend이고, '합'은 sum이라고 해요. 덧셈 부호 '+'의 이름은 plus sign이고, 등호 '='의 이름은 equal sign이라고 하죠.

자, 그렇다면 이름과 읽는 법을 헷갈려서는 안 되겠죠? '+'의 이름은 plus sign이지만, 수식을 읽을 때는 plus라고 읽어요. 마찬가지로 '='의 이름은 equal sign이지만, 수식을 읽을 때는 is 또는 equals라고 합니다.

45

그런데 수학 문제를 풀다 보면 가끔 addition sentence에서 빠진 숫자가 보일 때도 있어요. sum은 있는데 addend가 하나 없는 것 말이에요. 9+?=15처럼요. 이 '?'에 해당하는 수를 영어로는 missing addend(빠진 가수)라고 합니다. 어디로 도망갔을까요? 찾아내려면 고생 좀 해야겠는걸요.

덧셈 연습

여러분은 몇 자릿수까지 덧셈을 할 수 있나요? 십의 자리? 백의 자리? 천의 자리도 문제없다고요? 와~ 대단하네요. 그럼 간단한 덧셈 하나 해 볼까요?

First, add the ones.   **Then, add the tens.**

43
+22
  →
43
+22
  →
43
+22

첫 번째 지시는 First, add the ones. 니까 '먼저 일의 자리를 더하세요.'라는 거예요. 3과 2를 더하면 5가 되겠죠. 두 번째 지시는 Then, add the tens. 니까 '다음에는 십의 자리를 더하세요.'라는 말이에요. 4와 2를 더하면 6이 됩니다. 따라서 sum은 65가 되겠네요.

Break Time

plus는 덧셈에서 뿐만 아니라 A plus(에이 플러스)와 같이 등급을 말할 때도 써요. A plus 하면 우리말로 '1등급' 또는 '매우 잘함'이라는 뜻이에요. 쓸 때는 간단히 A⁺와 같이 써도 되고요.

또한 plus는 미국에서 나이가 '~살 이상'이라고 할 때도 흔히 쓴답니다. 20 plus 하면 '스무 살이 넘었다'는 말이 되는 거겠죠?

잘했어요.

부럽다

콕콕 짚어주는 덧셈 어휘

add	더하다
addition	덧셈
addition sentence	덧셈 수식
add ～ to...	～을 …에 더하다
addend	가수(더하기 전의 처음 수), 피가수(더해지는 수)
missing addend	빠진 가수
sum	합
plus sign (+)	덧셈 부호
equal sign (=)	등호

학년별로 배우는 덧셈 표현

→ G1 수준

Add. 더하세요.

What is 9+2? 9+2는 뭐죠?

Do addition. 덧셈을 하세요.

Mark the plus sign. 덧셈 부호를 표시하세요.

Solve the addition problems. 다음 덧셈 문제들을 푸세요.

Which sum is the closest to 900? 어느 합이 900에 가장 가깝죠?

→ G2 수준

• 5+6 = ? ‖ 3+8=?

What is similar in the two addition problems?

이 두 개의 덧셈 문제는 무엇이 비슷하죠?

They both have the same answer. 둘 다 똑같은 답을 가지고 있어요.

Find another addition problem that has 11 as the answer.

11을 답으로 가지고 있는 덧셈 문제를 하나 더 찾아보세요.

The sum of three and five is what number? 3과 5의 합은 뭐죠?

The sum of three and five is eight. 3과 5의 합은 8이에요.

You know that 2+6=8. 여러분은 2+6=8이라는 것을 알고 있어요.

How can you use this addition fact to solve 4+6?

4+6을 풀려면 이 덧셈 요소를 어떻게 사용할 수 있나요?

Think of the problem as 2+6+2 to get 10.

2+6+2와 같이 10을 (답으로) 얻을 수 있는 문제를 생각해 보세요.

어휘

mark	solve	problem	closest
표시하다	풀다	문제	가장 가까운

similar	both	same	find
비슷한	둘 다	같은	찾다

another	answer	fact	think of
또 하나의	답	요소	~을 생각하다

get
얻다

영어로 풀어보는 덧셈 문제

Problem

Andrew has 15 pennies, 9 dimes, and 20 nickels.

How many coins does he have in all?

Answer

He has (   ) coins in all.

★해석 및 풀이★

문제 앤드류는 15페니, 9다임, 20니켈을 가지고 있어요. 모두 몇 개의 동전을 가지고 있나요?

정답 그는 모두 (**44**)개의 동전을 가지고 있어요. ⇨ 15+9+20＝44

어휘 penny 페니(1센트 동전) dime 다임(10센트 동전) nickel 니켈(5센트 동전)
coin 동전 in all 모두 합쳐

Chapter 4

Subtraction 뺄셈

뺄셈 영어교실

뺄셈 읽기 1

오늘 엄마가 미나에게 줄 간식으로 5개의 도넛을 만드셨어요. 미나는 그 중에서 3개를 먹었답니다. 도넛은 모두 몇 개가 남았을까요? 5-3=2, 그러니까 2개가 남았겠죠.

이렇게 어떤 수에서 다른 수를 빼는 것을 우리는 '뺄셈'이라고 하는데, 영어로는 subtraction이라고 해요. 그리고 5-3=2와 같은 '뺄셈 수식'은 subtraction sentence라고 하죠.

$$5 - 3 = 2 \quad \rightarrow \text{subtraction sentence} \quad \text{뺄셈 수식}$$

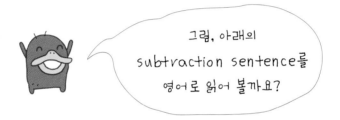

그럼, 아래의
subtraction sentence를
영어로 읽어 볼까요?

· $5-3=2$ (5 빼기 3은 2)

Five minus three is two.

Five minus three equals two.

· $32-15=17$ (32 빼기 15는 17)

Thirty-two minus fifteen is seventeen.

Thirty-two minus fifteen equals seventeen.

덧셈과 마찬가지로 뺄셈도 우리가 말하는 방식과 똑같이 읽어 주면 돼요. 숫자는 그대로 읽고, '-' 는 minus, '=' 는 is 또는 equals라고 읽으면 되죠.

addition(덧셈)이 add(더하다)에서 나온 것처럼, '뺄셈'이라는 뜻의 subtraction 은 subtract(빼다)에서 나온 단어예요. 동사 subtract에 -tion이 붙어서 subtraction 이 된 거죠. 그리고 둘이 하나로 합쳐지면서 t도 한 개로 합쳐졌답니다.

뺄셈 읽기 2

7-4=3과 같은 수식을 읽을 때는 앞에서 배운 것처럼 Seven minus four is three. 또는 Seven minus four equals three.라고 해요. 그럼 '7에서 4를 빼세요.' 하고 문제를 낼 때는 어떻게 말할까요? 이때는 subtract ~ from... 또는 take ~ from...을 써서 말한답니다.

Subtract four. 4를 빼세요.

Subtract four from seven. 7에서 4를 빼세요.

Take four. 4를 빼세요.

Take four from seven. 7에서 4를 빼세요.

한편, subtract와 take를 이용해서 뺄셈 수식을 읽을 수도 있는데, 한번 볼까요?

· 5-3=2

Subtract three from five, and you get two. 5에서 3을 빼면 2를 얻는다.

Three subtracted from five is two. 5에서 3이 빠지면 2가 된다.

If you take three from five, two remains. 5에서 3을 빼면 2가 남는다.

좀 어렵고 복잡해 보일 수 있는데, 이때는 그냥 이럴 수도 있구나 하고 넘어가도 돼요. 왜 그런지 일일이 따지다 보면 오히려 영어가 더 안 되거든요. 말하는 방법은 여러 가지가 될 수 있으니까 여러분이 쉽게 말할 수 있는 방법부터 선택해 차근차근 익혀 나가면 된답니다.

다음을 영어로 말할 때, 빈칸에 들어갈 단어를 써 보세요.

1 9-6=3

Nine _____ six _____ three.

2 20-14=6

Twenty _____ fourteen _____ six.

3 10에서 5를 빼세요.

_____ five _____ ten.

정답 1. minus / is(또는 equals) 2. minus / is(또는 equals)
3. Subtract(또는 Take) / from

뺄셈 요소들의 이름

5-3=2의 subtraction sentence에서 5는 '피감수(빼기 전의 처음 수)'이고, 3은
'감수(빼려는 수)'라고 해요. 5에서 3을 뺀 나머지 2는 '차'이고요. 영어로 '피감
수'는 minuend, '감수'는 subtrahend, '차'는 difference라고 합니다. 뺄셈 부호
'-'는 minus sign이라고 하지요.

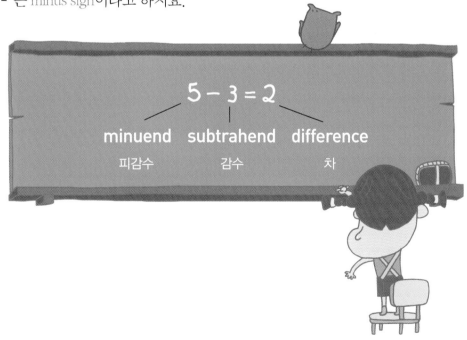

뺄셈 연습

간단한 뺄셈 문제 하나 풀어 봅시다. 아래 지시에 따라 여러분이 직접 빈칸을
채워 볼까요?

First, subtract the ones.   Then, subtract the tens.

$$36 \atop -23$$ ➡ $$36 \atop -23$$ → $$36 \atop -23$$

첫 번째 지시는 First, subtract the ones.니까 '먼저 일의 자리를 빼세요.' 라는
거예요. 6에서 3을 빼니까 3이 되겠죠. 두 번째 지시는 Then, subtract the tens.
니까 '다음에는 십의 자리를 빼세요.' 라는 말이에요. 3에서 2를 빼면 1이 됩니
다. 그럼 이 문제의 difference는 뭐죠? 맞아요. 13이에요!

거꾸로 빼기

뺄셈과 관련해서 count back 이라는 말이 있는데, 이것은 '거꾸로 세다' 라는
뜻이에요. 거꾸로 세는 거니까 '빼다' 는 말도 되지요. 오른쪽의 수직선(number
line)을 보세요.

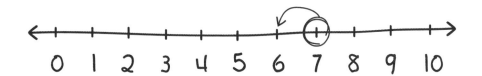

7부터 시작해서 count back 1을 하면 어디가 될까요? 7에서 거꾸로 한 칸을 뒤로 가는 거니까 6이 되겠죠. 즉, '7-1=6'을 의미하는 거예요. 이 과정을 영어로는 이렇게 말할 수 있어요.

Start at 7 on the number line. Count back 1. You are on 6.
수직선 7에서 시작하세요. 뒤로 1을 가세요. 그럼 6이 됩니다.

빈칸에 들어갈 숫자를 써 보세요.

1 Start at 4 on the number line. Count back 2. You are on _____.

2 Start at 9 on the number line. Count back 5. You are on _____.

해설 **1.** 수직선 4에서 시작하세요. 뒤로 2를 가세요. 그럼 2가 됩니다.
2. 수직선 9에서 시작하세요. 뒤로 5를 가세요. 그럼 4가 됩니다.

정답 **1.** 2 **2.** 4

Break Time

성적표에 minus가 나오면 '~에서 다소 못한'이라는 의미가 돼요.

A minus(에이 마이너스)라면 A보다 못한 거니까, A가 100점이라고 한다면 90점 정도가 된다고 볼 수 있죠. A minus는 간단히 A⁻라고 쓸 수 있어요.

콕콕 짚어주는 뺄셈 어휘

subtract	빼다
subtraction	뺄셈
subtraction sentence	뺄셈 수식
subtract ~ from...	…에서 ~을 빼다
take ~ from...	…에서 ~을 빼다
remain	남다
minuend	피감수(빼기 전의 처음 수)
subtrahend	감수(빼려는 수)
difference	차
minus sign (−)	뺄셈 부호
count back	거꾸로 세다, 빼다

학년별로 배우는 뺄셈 표현

➔ G1 수준

Write 4-1=3 on the paper.   종이에 4-1=3을 적으세요.

Solve the subtraction problems.   다음 뺄셈 문제를 풀어 보세요.

I have 4 pieces of cake. I eat 1 piece. How many pieces do I have left?

난 케이크 4조각이 있어요. 1조각을 먹어요. 몇 조각이 남았을까요?

➔ G2 수준

What is 9-0?   9-0은 뭐죠?

How do you know?   어떻게 알죠?

A number minus zero always equals itself.   어떤 수에서 0을 빼면 항상 그 수가 나와요.

What is 14-9?   14-9는 뭐죠?

How can you prove to me that 14-9 is really 5?

14-9가 정말로 5라는 것을 어떻게 증명할 수 있을까요?

Because 5+9=14.   왜냐하면 5+9는 14이기 때문이죠.

Seven minus two is what number?   7 빼기 2는 뭐죠?

Seven minus two is five.   7 빼기 2는 5예요.

$5-3=2$ is "three objects are taken away from a group of five objects and two objects remain."

$5-3=2$는 '다섯 개의 물건에서 세 개를 가져가면 두 개가 남는다'는 뜻이에요.

Write and solve the following subtraction problems in your notebook.

공책에 다음 뺄셈 문제를 쓰고 풀어 보세요.

If you didn't solve the problem correctly, go to step 4.

문제를 정확히 풀지 못했으면 step 4로 가세요.

어휘

piece	left	itself	prove	really
조각	남아 있는	그 자신, 스스로	증명하다	정말로

object	be taken away from	correctly
물건, 물체	~에서 빼내어지다	정확히

영어로 풀어보는 뺄셈 문제

Problem

There are 48 seats on the bus.

There are 35 students on the bus.

How many empty seats are on the bus?

Answer

There are (   ) empty seats on the bus.

★해석 및 풀이★

문제 버스에 48개의 좌석이 있어요. 그 버스에는 35명의 학생이 있어요.
버스에 빈 좌석은 몇 개일까요?

정답 버스에는 (**13**)개의 빈 좌석이 있어요. ⇨ 48−35＝13

어휘 seat 좌석 empty 텅 빈

CHAPTER 5

Multiplication 곱셈

곱셈 영어교실

곱셈 읽기

홍철이의 가방에는 세 개의 주머니가 있고, 각 주머니 안에는 구슬이 네 개씩 들어 있어요. 그럼 구슬은 모두 몇 개가 있을까요? 4개씩 들어 있는 주머니가 3개니까 4×3=12, 즉 12개의 구슬이 있겠죠.

이와 같이 수를 서로 곱하는 계산을 우리는 '곱셈'이라고 하는데, 영어로는 multiplication이라고 해요. 그리고 4×3=12와 같은 '곱셈 수식'은 multiplication sentence라고 하죠.

$4 \times 3 = 12$ → **multiplication sentence** 곱셈 수식

그럼, multiplication sentence를 영어로 읽는 법을 배워 봅시다.

· $4 \times 3 = 12$ (4 곱하기 3은 12)

Four times three is twelve.

Four times three equals twelve.

· $8 \times 5 = 40$ (8 곱하기 5는 40)

Eight times five is forty.

Eight times five equals forty.

곱셈을 읽을 때 '×'는 times라고 읽으면 돼요. '='는 is 또는 equals라고 읽으면 되죠. add와 addition, subtract와 subtraction의 관계처럼, '곱셈'을 뜻하는

multiplication은 '곱하다'라는 뜻의 동사 multiply에서 나왔답니다. multiply를 써서도 곱셈 수식을 읽을 수 있는데, 한번 볼까요?

· $4 \times 3 = 12$

Multiply four by three, and you get twelve. 4에 3을 곱하면 12를 얻는다.

Four multiplied by three equals twelve. 4에 3을 곱하면 12이다.

이외에 product(곱)를 써서 The product of four and three is twelve.(4와 3의 곱은 12이다.)라고 말할 수도 있어요. 읽는 방법은 여러 가지가 될 수 있답니다. 하지만 한꺼번에 다 알려고 하면 힘드니까 우선은 가장 쉬운 times를 사용한 읽기부터 연습해 보세요.

다음을 영어로 말할 때, 빈칸에 들어갈 단어를 써 보세요.

1 $7 \times 2 = 14$

Seven _____ two is fourteen.

2 $6 \times 8 = 48$

Six _____ _____ eight equals forty-eight.

3 5에 9를 곱하세요.

_____ five _____ nine.

곱셈 요소들의 이름

4×3=12에서 4는 '피승수(곱하기 전의 처음 수)'이고, 3은 '승수(곱하는 수)'라고 해요. 두 수를 곱해서 얻어진 결과 12는 '곱'이고요. 영어로 '피승수'는 multiplicand, '승수'는 multiplier라고 하고, '곱'은 product라고 한답니다. 그리고 곱셈 부호 '×'는 multiplication sign이라고 하죠.

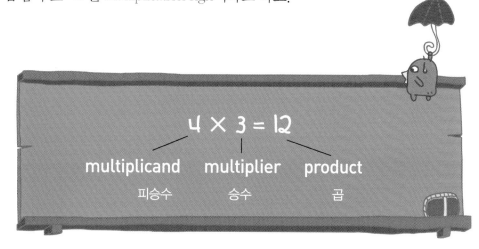

한편, 곱셈에서 어떤 정수의 몇 배가 되는 수를 '배수'라고 하는데, 영어로는 multiple이라고 해요. 예를 들어, 4의 배수는 4, 8, 12, 16… 이렇게 나가는데, 바

로 이런 배수를 multiple이라고 한답니다. 따라서 '4의 배수'는 multiples of 4 하면 되죠.

곱셈 연습

간단한 곱셈 문제 하나 풀어 볼까요? 아래 지시에 따라 여러분이 직접 빈칸을 채워 보세요.

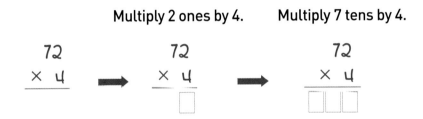

이제 함께 답을 확인해 봅시다. 첫 번째 지시 Multiply 2 ones by 4.는 '일의 자릿수 2에 4를 곱하세요.'라는 뜻이에요. 그러니까 2에 4를 곱해서 8이라고 쓰면 되죠. 두 번째 지시 Multiply 7 tens by 4.는 '십의 자릿수 7에 4를 곱하세요.'라는 뜻이에요. 그러니까 7에 4를 곱해서 28이라고 쓰면 됩니다. 그럼 product는 어떻게 되나요? 네, 288이 되겠죠.

구구단

이일은 이, 이이는 사, 이사 팔…… 여러분, 구구단은 모두 잘 아시죠? '구구단, 구구표'를 영어로는 multiplication table이라고 해요. 선생님이 Say the multiplication tables. 하면 '구구단을 말해 보세요.'라는 뜻에요.

우리나라 학생들은 보통 영어권 나라의 학생들보다 곱셈을 잘하는 것 같은데, 이유가 뭘까요? 마치 노래를 부르듯이 리듬감 있게 구구단을 외우기 때문이 아닐까 싶네요. 그럼 영어로도 구구단을 한번 말해 볼까요?

Multiplication Table for 2 (2의 구구단)

2×1=2   Two times one is two. 2 곱하기 1은 2.

2×2=4   Two times two is four. 2 곱하기 2는 4.

2×3=6   Two times three is six. 2 곱하기 3은 6.

2×4=8   Two times four is eight. 2 곱하기 4는 8.

$2 \times 5 = 10$ Two times five is ten.   2 곱하기 5는 10.

$2 \times 6 = 12$ Two times six is twelve.   2 곱하기 6은 12.

$2 \times 7 = 14$ Two times seven is fourteen.   2 곱하기 7은 14.

$2 \times 8 = 16$ Two times eight is sixteen.   2 곱하기 8은 16.

$2 \times 9 = 18$ Two times nine is eighteen.   2 곱하기 9는 18.

Multiplication Table for 3 (3의 구구단)

$3 \times 1 = 3$ Three times one is three.   3 곱하기 1은 3.

$3 \times 2 = 6$ Three times two is six.   3 곱하기 2는 6.

$3 \times 3 = 9$ Three times three is nine.   3 곱하기 3은 9.

$3 \times 4 = 12$ Three times four is twelve.   3 곱하기 4는 12.

$3 \times 5 = 15$ Three times five is fifteen.   3 곱하기 5는 15.

$3 \times 6 = 18$ Three times six is eighteen.   3 곱하기 6은 18.

$3 \times 7 = 21$ Three times seven is twenty-one.   3 곱하기 7은 21.

$3 \times 8 = 24$ Three times eight is twenty-four.   3 곱하기 8은 24.

$3 \times 9 = 27$ Three times nine is twenty-seven.   3 곱하기 9는 27.

어때요? 이제 나머지 구구단도 아주 쉽게 할 수 있겠죠? 이런 식으로 숫자만 바꿔서 읽어 주면 된답니다. 친구들과 함께 리듬을 붙여 연습해 보세요.

콕콕 짚어주는 곱셈 어휘

multiply	곱하다
multiplication	곱셈
multiplication sentence	곱셈 수식
multiply ~ by ···	~을 ···에 곱하다
multiplicand	피승수(곱하기 전의 처음 수)
multiplication	승수(곱하는 수)
product	곱
multiplication sign (×)	곱셈 부호
multiple	배수
multiplication table	구구단, 구구표

학년별로 배우는 곱셈 표현

→ G2 수준

Multiply. 곱하세요.

What is the product? 답(곱)이 뭐죠?

What is the product of 3×6? 3×6의 답(곱)은 뭐죠?

What multiplication sentence can you write? 어떤 곱셈 문장을 쓸 수 있어요?

→ G3 수준

Four times three is what number? 4 곱하기 3은 뭐죠?

Four times three is twelve. 4 곱하기 3은 12예요.

How would you solve 2×4,000? 2×4,000은 어떻게 풀 수 있을까요?

→ G4 수준 이상

What do you get if you multiply six by nine? 6에 9를 곱하면 무엇이 나오죠?

영어로 풀어보는 곱셈 문제

Problem

There are 7 rows of chairs.

There are 8 chairs in each row.

How many chairs are there in all?

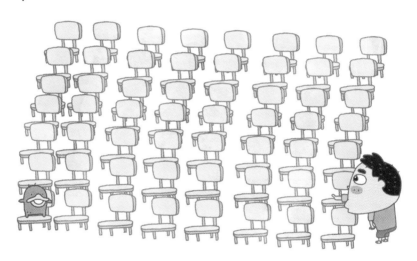

Answer

There are (   ) chairs in all.

┄┄┄┄┄┄┄┄┄┄┄┄┄┄┄┄┄┄ ★해석 및 풀이★ ┄┄┄┄┄┄┄┄┄┄┄┄┄┄┄┄┄┄

문제 7줄의 의자가 있어요. 각 줄에는 8개의 의자가 있어요. 모두 몇 개의 의자가 있나요?

정답 모두 (**56**)개의 의자가 있어요. ⇨ 7×8 = 56

어휘 row 줄   chair 의자

Chapter 6

Division 나눗셈

나눗셈 영어교실

나눗셈 읽기

미나의 팀이 퀴즈 대회에서 1등을 해서 상으로 연필 30자루를 받았어요. 미나의 팀은 모두 6명이에요. 그럼 한 사람당 연필을 몇 개씩 나눠 가지면 될까요? 30÷6=5니까 5개씩 나누면 되겠죠.

이와 같은 계산이 '나눗셈'인데, 영어로는 division이라고 해요. division은 동사 divide(나누다)에서 나온 단어랍니다. 그리고 30÷6=5와 같이 쓰는 '나눗셈 수식'은 division sentence라고 하죠.

$$30 \div 6 = 5 \ \rightarrow \ \textbf{division sentence} \ \text{나눗셈 수식}$$

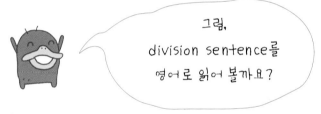

그럼,
division sentence를
영어로 읽어 볼까요?

· $30 \div 6 = 5$ (30 나누기 6은 5)

Thirty divided by six is five.

Thirty divided by six equals five.

· $18 \div 9 = 2$ (18 나누기 9는 2)

Eighteen divided by nine is two.

Eighteen divided by nine equals two.

나눗셈 부호 '÷'를 divided by라고 읽는다는 것만 알면 아주 쉽죠? 그동안 덧셈, 뺄셈, 곱셈 읽는 법을 잘 익혀 두었다면 쉽게 이해될 거예요. 이번에는 다른 식의 읽기 방법을 좀 더 볼까요?

· 30÷6＝5

Divide thirty by six, and you get five.   30을 6으로 나누면 5를 얻는다.

Divide thirty into six, and you get five.   30을 6으로 나누면 5를 얻는다.

'~으로' 나눈다고 할 때는 by 또는 into를 쓴다는 것도 기억해 두세요. 한편, Six divides thirty.(6은 30을 나눈다.)와 같이 말할 수도 있는데, 이 말은 '30은 6으로 나누어떨어진다.'라는 의미랍니다.

다음을 영어로 말할 때, 빈칸에 들어갈 단어를 써 보세요.

1 8÷2＝4

Eight _____ _____ two is four.

2 63÷7＝9

_____ sixty-three _____ seven, and you _____ nine.

79

나눗셈 요소들의 이름

30÷6=5에서 30은 '피제수(나누기 전의 처음 수)'이고, 6은 '제수(나누는 수)'예요. 영어로 '피제수'는 dividend이고, '제수'는 divisor라고 한답니다. 그리고 나눗셈을 해서 얻은 답, 즉 '몫'은 quotient라고 하죠. 그럼 나눗셈 부호 '÷'의 이름은 뭘까요? '나눗셈'이 division이니까 division sign이 되겠죠.

그런데 나눗셈에서는 딱 나누어떨어지지 않고 나머지가 생기는 경우가 있어요. 예를 들어, 11을 4로 나누면 몫이 2이고 나머지가 3이죠. 이때 '나머지'는 remainder라고 해요. 그래서 나머지가 있을 때는 The remainder is not 0.(나머지는 0이 아니다.)라고 하죠. 반면 나머지가 없는 경우는 no remainder(나머지 없음)라고 하거나, divisible(나누어떨어지는)이라고 한답니다.

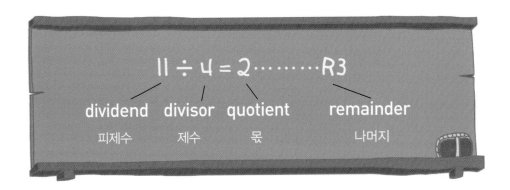

여기서 R은 '나머지'를 뜻하는 remainder의 약자예요. 따라서 R3는 '나머지가 3'이라는 뜻이고, R0는 '나머지가 0'이라는 뜻이죠. 그럼 다음의 나눗셈 수식을 읽어 봅시다.

80

$$\cdot \ 40 \div 8 = 5 \cdots \cdots R0$$

Forty divided by eight equals five, remainder zero. 40 나누기 8은 5, 나머지 0.

$$\cdot \ 17 \div 5 = 3 \cdots \cdots R2$$

Seventeen divided by five is three, remainder two. 17 나누기 5는 3, 나머지 2.

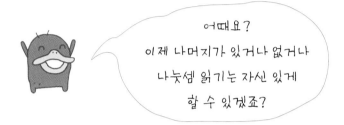

어때요?
이제 나머지가 있거나 없거나
나눗셈 읽기는 자신 있게
할 수 있겠죠?

주어진 수식을 보고 각 문장의 빈칸에 알맞은 숫자를 넣으세요.

1 $16 \div 2 = 8$ R0

The divisor is _____, the dividend is _____, and the quotient

is _____.

2 $25 \div 6 = 4$ R1

The dividend is _____, the divisor is _____, the quotient is _____,

and the remainder is _____.

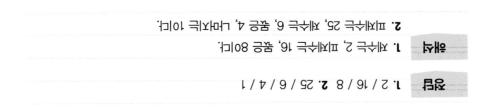

나눗셈 연습

간단한 나눗셈 문제 하나 풀어 볼까요? 아래 지시에 따라 여러분이 직접 빈칸을 채워 보세요.

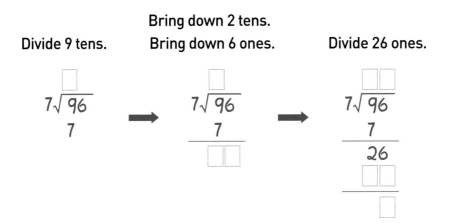

정답을 확인해 보기 전에 꼭 알아야 할 것이 있어요. 나눗셈은 일의 자리 ones부터 나누는 것이 아니라 십의 자리 tens부터 시작한다는 거예요.

첫 번째 지시 Divide 9 tens.는 '10의 자릿수 9를 나누세요.'라는 뜻이에요. 9를 7로 나누면 몫이 1이니까 1이라고 쓰면 되겠죠.

두 번째는 두 가지 지시가 있네요. 먼저 Bring down 2 tens.는 '십의 자릿수 2를 내리세요.'라는 뜻이에요. 즉, 앞에서 십의 자릿수 9를 7로 나눈 나머지 숫자 2를 쓰라는 의미죠. 그 다음 Bring down 6 ones.는 '일의 자릿수 6을 아래로 내리세요.'라는 의미니까 6을 내려서 쓰면 됩니다. 2와 6을 내리니까 26이 되죠?

마지막 지시 Divide 26 ones.는 '26을 나누세요.'라는 뜻이에요. 26을 7로 나누면 몫은 3이고, 나머지는 5가 됩니다.

그럼 이 문제의 quotient와 remainder는 어떻게 될까요? 맞아요. quotient는 13이고, remainder는 5가 되겠죠?

콕콕 짚어주는 나눗셈 어휘

divide	나누다
division	나눗셈
division sentence	나눗셈 수식
divide ∼ by...	∼을 …로 나누다
divide ∼ into...	∼을 …로 나누다
dividend	피제수(나누기 전의 처음 수)
divisible	나누어떨어지는
divisor	제수(나누는 수)
quotient	몫
remainder (R)	나머지
division sign (÷)	나눗셈 부호

학년별로 배우는 나눗셈 표현

When six is divided by three, the quotient is two.

6을 3으로 나누면 몫은 2예요.

Fourteen divided by two is what number? 14 나누기 2는 뭐죠?

Fourteen divided by two is seven. 14 나누기 2는 7이에요.

Divide it into three equal parts. 그것을 3등분하세요.

Are the numbers easily divisible? 그 숫자들이 쉽게 나뉘나요?

What do we call the number that is left over after we divide?

나눗셈을 한 후 남는 수를 뭐라고 부르죠?

Will 2 divide 83 evenly or will there be a remainder?

83은 2로 똑같이 나뉘나요, 아니면 나머지가 있나요?

How can you tell? 어떻게 알 수 있나요?

There will be a remainder because it is not an even number.

그것(83)은 짝수가 아니기 때문에 나머지가 남아요.

To check multiplication, you divide.   곱셈을 확인하려면 나눗셈을 하세요.

To check division, you multiply.   나눗셈을 확인하려면 곱셈을 하세요.

If 4×3 = 12, how would you check your answer?

4×3=12라면, 답을 어떻게 확인할 수 있나요?

Divide 12 by 4, or divide 12 by 3.   12를 4로 나누거나, 12를 3으로 나눠요.

The quotient of 24÷7 has a remainder of 3.

24÷7의 몫은 나머지 3을 가지고 있어요.

What is the remainder if the dividend is 28?

만약 피제수가 28이라면 나머지는 어떻게 되죠?

No remainder, because 28 is evenly divided by 7.

나머지가 없어요. 왜냐하면 28은 7로 똑같이 나뉘기 때문이죠.

어휘

easily	left over	evenly
쉽게	남은	고르게, 똑같이

check
확인하다

영어로 풀어보는 나눗셈 문제

ⓟroblem

The egg carton has 14 eggs in it.

There are 2 rows in the carton.

How many eggs are in each row?

ⓐnswer

There are (   ) eggs in each row.

★해석 및 풀이★

문제   달걀 상자에 14개의 달걀이 들어 있어요. 상자에는 2줄이 있어요.
      각 줄에는 몇 개의 달걀이 있을까요?

정답   각 줄에는 (**7**)개의 달걀이 있어요. ⇨ 14÷2=7

어휘   egg 달걀   carton 상자   row 줄   each 각각의

재미있는 수학 이야기 ❷

How big is the Noah's ark?

노아의 방주의 크기는?

구약성서 「창세기」 제 6장에 '너는 잣나무로 너를 위하여 방주를 짓되, 그 안에 방을 만들어 역청(피치)으로 그 안팎을 칠하라. 그 방주의 제도는 이러하니 길이가 300큐빗, 폭이 50큐빗, 높이가 30큐빗이며……'라고 쓰여 있어요. 이를 이용하여 방주의 규모에 대해서 알아볼까요?

큐빗(cubit)은 고대 오리엔트에서 오래 전부터 사용되어 온 길이의 단위인데, 그 어원은 '팔꿈치'란 뜻이에요. 팔을 뻗었을 때 팔꿈치에서 가운뎃손가락(중지) 끝까지의 길이를 나타냅니다. 1큐빗이 얼마만한 길이를 나타내는지는 각 나라와 시대에 따라 다르지만 46cm~56cm가 되지요. 여기서는 1큐빗을 가장 짧은 46cm로 계산해 볼까요? 단, 1t(ton)은 2.83m³로 계산합니다.

방주이므로 직육면체로 생각하여 살짝 계산기를 두드려 보자고요!

$(300 \times 0.46) \times (50 \times 0.46) \times (30 \times 0.46) = 43801.2 m^3$

이렇게 돼요. 따라서 총 톤수는

$43801.2 \div 2.83 = 15477.46(t)$

이렇게 됩니다. 와~ 그러니까 1만 5천톤 이상이 되는 큰 배라는 걸 알 수 있겠죠?

Chapter 7

Integer 정수

정수 영어교실

정수의 분류

정수는 크게 양의 정수와 음의 정수로 나뉘죠. 양의 정수는 0보다 큰 수로, 우리가 일상생활에서 쓰는 1, 2, 3, 4, 5…와 같은 수를 말해요. 반대로 음의 정수는 0보다 작은 수로, -1, -2, -3, -4, -5…와 같이 '-' 기호를 붙여서 나타내죠. 이 기호를 negative sign이라고 해요.

영어로 '정수'는 integer라고 하고, '양의 정수'는 positive integer, '음의 정수'는 negative integer 라고 해요. 수학에서 positive는 greater than zero(0보다 큰)의 의미이고, negative는 less than zero(0보다 작은)의 의미랍니다. 또 '0(zero)'는 양의 정수도 음의 정수도 아닌 독립된 수입니다.

한편, whole number 라는 말도 있는데, 이것은 positive integer와 0을 포함한 것을 나타냅니다.

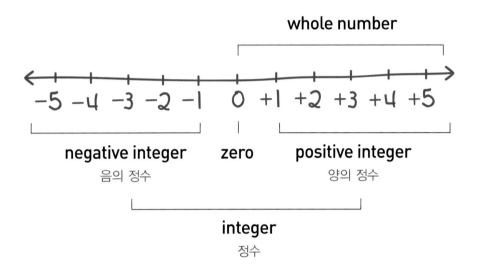

Integers greater than 0 are positive integers.

0보다 큰 정수는 양의 정수이다.

Integers less than 0 are negative integers.

0보다 작은 정수는 음의 정수이다.

The integer 0 is neither positive nor negative.

정수 0은 양도 음도 아니다.

다음 정수들을 지시대로 나열해 보세요.

1   -3   0   +2   +5   -6

least to greatest   → _____

2   -9   0   +4   -11   +7

greatest to least   → _____

좌표에서 길찾기

재미있는 길찾기를 해 볼까요? 좌표를 보고 문제를 풀어 보세요.

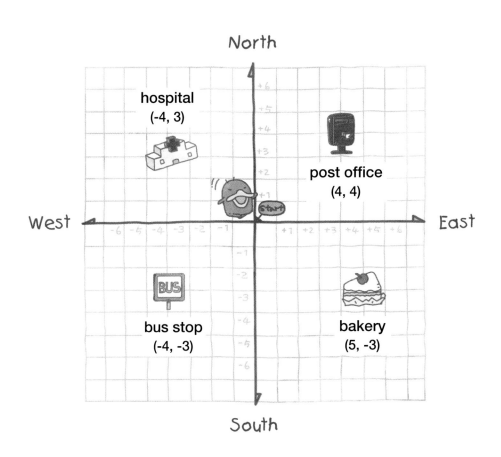

Q: If you walk 4 blocks west and 3 blocks south, where will you be?

서쪽으로 4블록, 남쪽으로 3블록 걸어가면 당신은 어디에 있을까요?

A: _____

동서남북은 다 아시죠? 우리는 '동서남북'의 순서로 말하지만 영어에서는 north(북), south(남), east(동), west(서)의 순서로 말해요. 일단 걸어가라는(walk) 얘기인데, 4 blocks west니까 '서쪽으로 4블록' 가고, 그 다음에는 3 blocks south니까 '남쪽으로 3블록' 가라는 뜻이에요. 따라서 먼저 서쪽으로 -4의 지점까지 간 다음, 남쪽으로 -3의 지점까지 가면 되겠죠. 그곳에 뭐가 있나요? bus stop(버스 정류장)이 있죠? Good job!

왼쪽의 좌표를 보고 다음 문제를 풀어 보세요.

1 Q: If you walk 5 blocks east and 3 blocks south, where will you be?

A: _____

2 Q: If you walk 4 blocks west and 3 blocks north, where will you be?

A: _____

3 Q: If you walk 4 blocks east and 4 blocks north, where will you be?

A: _____

Break Time

별로 마음에 들지 않는 친구가 자꾸 어디를 같이 가자고 할 때가 있죠. 친구가 이렇게 물어봅니다.

Won't you come with me?
나랑 함께 가지 않을래?

이때 정말 같이 가고 싶지 않다면 No.라고 대답할 수도 있지만, Negative.라고 할 수도 있어요. 수학에서 negative는 '음의, 0보다 작은'이라는 뜻이지만, 일상에서는 '부정적인, 거부하는'이라는 뜻이거든요.

콕콕 짚어주는 정수 어휘

integer	정수
positive	양의
negative	음의
positive integer	양의 정수
negative integer	음의 정수
negative sign	음의 기호 (−)
whole number	0을 포함한 자연수
zero	영, '0'
greater than zero	0보다 큰
less than zero	0보다 작은

학년별로 배우는 정수 표현

→ G5-G6 수준

Work with integers and number lines.

정수와 수직선을 함께 공부하세요.

Write the corresponding integer for each point on the number line.

수직선 위의 각 점에 대응하는 정수를 쓰세요.

Under the number line, write the following numbers: − 7, +12, − 18, − 2, +8.

수직선 밑에 다음 수들을 쓰세요. −7, +12, −18, −2, +8.

Order the numbers from least to greatest.

다음 숫자들을 가장 작은 수에서 가장 큰 수의 순서로 정리하세요.

Which is greater, +5 or −3? +5와 −3 중 어느 것이 더 큰가요?

Which is greater, −3 or −9? −3과 −9 중 어느 것이 더 큰가요?

How do you know? 어떻게 알죠?

Underline −6 and +6 on the number line. 수직선에서 −6과 +6에 밑줄을 치세요.

How many places are they from zero on the number line?

수직선에서 그 수들은 0에서부터 몇 자리 떨어져 있나요?

6 to the left and 6 to the right. 왼쪽으로 6자리, 오른쪽으로 6자리 떨어져 있어요.

Why are they opposites? 그 수들은 왜 정반대인가요?

Each is located on either side of zero. 각각 0의 양쪽에 놓여 있기 때문이에요.

어휘

number line	corresponding	point
수직선	대응하는	점, 지점

underline	place	opposite
밑줄을 치다	자리	정반대의 것

be located	on either side of	
위치해 있다	~의 양쪽에	

선생님마다 다른 수업 규칙이 있어요.
그런 말들은 영어로 어떻게 하는지 알아보아요.

- You should speak only in English in this class.

  이 수업에서는 영어로만 말하세요.

- I don't want any talking when I am talking.

  나는 내가 이야기할 때 다른 누가 이야기하는 것을 원하지 않아요.

- When the class starts, you should sit down
  and get your books prepared.

  수업이 시작되면 앉아서 책을 준비하세요.

- This is the list of rules for this class.

  이것이 이 수업의 규칙표예요.

- Do you know what you did wrong?

  뭘 잘못 했는지 알겠어요?

Chapter 8

Fraction 분수

분수 영어교실

분수 읽기 1

$\frac{1}{2}$, $\frac{2}{3}$, $\frac{3}{5}$ 과 같이 전체에 대한 부분을 나타내는 수를 '분수'라고 하죠. 영어로는 fraction이라고 해요. 분수는 분자와 분모로 이루어져 있는데, '분자'는 numerator라고 하고, '분모'는 denominator라고 한답니다. 분자와 분모 사이의 선(一)은 fraction bar라고 해요.

한편, $\frac{3}{8}$, $\frac{5}{8}$, $\frac{7}{8}$ 과 같이 여러 분수들의 분모가 서로 같을 때도 있죠? 이들이 공통으로 갖는 분모를 '공통분모'라고 하는데, 영어로는 common denominator 라고 해요.

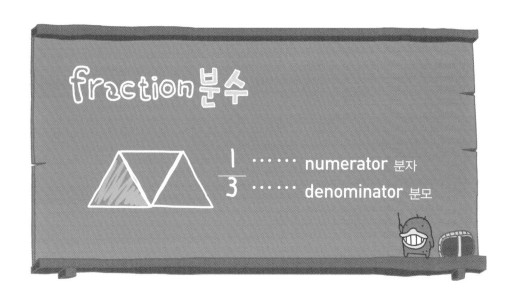

그럼 분수는 영어로 어떻게 읽을까요? 예를 들어, 분수 $\frac{1}{3}$ 을 읽을 때, 우리는 '3분의 1'과 같이 분모 먼저 읽은 다음 분자를 읽는데, 영어에서는 그 반대랍니다. 즉, 분자 먼저 읽은 다음 분모를 읽지요. 그리고 또 한 가지 주의할 것은, 분자는 기수로 읽고, 분모는 서수로 읽는다는 거예요. 그리고 분자가 1보다 클 때는 분모에 -s를 붙입니다. 좀 어렵게 느껴질 수도 있을 텐데, 알고 보면 생각만큼 어렵지는 않아요. 함께 연습해 볼까요?

$\frac{1}{2}$ one half
2분의 1

$\frac{1}{3}$ one third
3분의 1

$\frac{2}{3}$ two thirds
3분의 2

$\frac{1}{4}$ one fourth
4분의 1

$\frac{2}{4}$ two fourths
4분의 2

$\frac{3}{4}$ three fourths
4분의 3

여기서 $\frac{1}{2}$ 을 왜 one second라고 쓰지 않고 one half로 썼는지 궁금해하는 친구들이 있을 텐데, 시간의 단위인 second(초)와 헷갈릴 수도 있기 때문이에요. 또 미국 사람들은 말하기 부드럽고 어색하지 않은 발음을 좋아한답니다. one second보다는 one half의 발음이 부드럽거든요. 그래서 '절반'이라는 뜻의 half를 쓰는 거죠.

그리고 $\frac{2}{3}$, $\frac{2}{4}$, $\frac{3}{4}$ 은 분자가 모두 1보다 크죠? 그래서 분모에 -s가 붙었답니다. 이 점 꼭 주의하세요!

한편, $\frac{1}{2}$, $\frac{1}{3}$, $\frac{1}{4}$, $\frac{1}{5}$...과 같이 분자가 1인 경우는 one 대신 a를 써서 a half, a third, a fourth, a fifth...와 같이 말하기도 해요. a와 one은 둘 다 '하나'라는 뜻이니까요.

$\frac{1}{4}$, $\frac{2}{4}$, $\frac{3}{4}$ 의 경우는 quarter를 써서 a quarter, two quarters, three quarters라고도 한답니다. quarter는 '4분의 1'이라는 뜻이에요. 그래서 $\frac{1}{4}$ 은 quarter가 한 개니까 a quarter, $\frac{2}{4}$ 는 quarter가 두 개니까 two quarters, $\frac{3}{4}$ 은 quarter가 세 개니까 three quarters가 되는 거죠. 자, 그럼 문제를 풀면서 좀 더 연습해 봅시다.

다음 분수를 영어로 읽어 보세요.

1 $\frac{1}{2}$ ____________________ **2** $\frac{2}{3}$ ____________________

3 $\frac{3}{4}$ ____________________ **4** $\frac{2}{5}$ ____________________

5 $\frac{4}{5}$ ____________________ **6** $\frac{5}{6}$ ____________________

7 $\frac{3}{7}$ ____________________ **8** $\frac{1}{8}$ ____________________

9 $\frac{6}{8}$ ____________________ **10** $\frac{7}{9}$ ____________________

정답 **1.** one half(=a half) **2.** two thirds **3.** three fourths(=three quarters)
4. two fifths **5.** four fifths **6.** five sixths **7.** three sevenths
8. one eighth(=an eighth) **9.** six eighths **10.** seven ninths

해설 $\frac{1}{8}$은 a eighth가 아니라 an eighth라고 합니다. eighth가 모음으로 시작하기 때문이지요.

문제까지 풀어 보니까 어때요? 조금 복잡한 느낌은 있어도 그렇게 어렵지는 않죠? 1장에서 배운 기수와 서수 읽는 법만 알고 있으면 쉽게 익힐 수 있어요. 혹시 기수와 서수 읽는 법을 아직 다 익히지 못했다면, 그것부터 다시 복습하는 게 우선이에요.

분수의 종류

우리가 앞에서 다룬 분수들은 모두 분자가 분모보다 작았어요. 이렇게 분자가 분모보다 작은 분수를 '진분수'라고 하고, 영어로는 proper fraction이라고 해요. 반면 분자가 분모보다 더 큰 분수도 있죠. $\frac{3}{2}$, $\frac{4}{3}$, $\frac{9}{5}$와 같은 분수 말이에요. 이런 분수들은 '가분수'라고 하고, 영어로는 improper fraction이라고 한답니다. proper의 반대라는 뜻에서 improper라고 하는 거죠.

한편, 분수 중에는 $1\frac{1}{2}$, $2\frac{3}{4}$, $7\frac{2}{5}$처럼 자연수와 분수가 섞여 있는 것도 있어요. 이런 분수는 '대분수'인데, 영어로는 mixed number라고 해요. 자연수와 분수가 함께 섞여 있는(mixed) 형태라는 뜻에서 이런 이름이 붙은 것이죠.

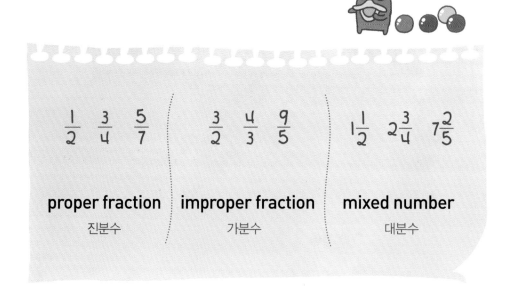

$\frac{1}{2}$ $\frac{3}{4}$ $\frac{5}{7}$	$\frac{3}{2}$ $\frac{4}{3}$ $\frac{9}{5}$	$1\frac{1}{2}$ $2\frac{3}{4}$ $7\frac{2}{5}$
proper fraction	**improper fraction**	**mixed number**
진분수	가분수	대분수

그럼 가분수와 대분수도
한번 읽어 볼까요?

$\frac{3}{2}$ three halves
2분의 3

$1\frac{1}{2}$ one and a half
1과 2분의 1

$\frac{4}{3}$ four thirds
3분의 4

$2\frac{3}{4}$ two and three fourths
2와 4분의 3

$\frac{9}{5}$ nine fifths
5분의 9

$7\frac{2}{5}$ seven and two fifths
7과 5분의 2

가분수도 읽는 방법은 진분수와 똑같아요. 분자 먼저 기수로 읽고, 그 다음에 분모를 서수로 읽으면 되죠. 또 가분수는 분자가 항상 1보다 크니까 분모에 -s 를 붙여 주는 것 잊지 마시고요. 단, $\frac{3}{2}$ 처럼 2가 분모인 가분수의 경우, 분모 2 는 halves로 읽습니다.

대분수의 경우, 앞의 자연수는 기수로 읽고, 뒤의 분수는 지금까지 배운 대로 읽으면 돼요. 우리말의 '와/과'에 해당하는 둘 사이는 and로 연결한답니다.

다음 분수를 영어로 읽어 보세요.

1 $\dfrac{8}{6}$ _____ **2** $\dfrac{7}{4}$ _____

3 $\dfrac{5}{2}$ _____ **4** $1\dfrac{1}{3}$ _____

5 $4\dfrac{3}{5}$ _____ **6** $3\dfrac{7}{8}$ _____

분수 읽기 2

지금까지 분자는 기수, 분모는 서수로 읽었는데, 보다 간단하게 둘 다 기수로 읽는 방법도 있답니다. 서수에 약한 친구들에게는 아주 반가운 소식이죠? 그럼 한번 볼까요?

$\dfrac{1}{2}$ one over two
2분의 1

$\dfrac{1}{3}$ one over three
3분의 1

$\dfrac{2}{3}$ two over three
3분의 2

$\dfrac{1}{4}$ one over four
4분의 1

$\dfrac{3}{4}$ three over four
4분의 3

$\dfrac{13}{4}$ thirteen over four
4분의 13

$\dfrac{8}{5}$ eight over five
5분의 8

$\dfrac{29}{56}$ twenty-nine over fifty-six
56분의 29

$\dfrac{35}{178}$ thirty-five over one (hundred) seventy-eight
178분의 35

$2\dfrac{6}{7}$ two and six over seven
2와 7분의 6

보다시피 방법은 over를 사용하는 거예요. 먼저 분자를 읽어 주고 over를 말한 다음, 분모를 읽어 주면 된답니다. 분자와 분모 둘 다 기수로 읽으면 되니까 아주 쉽고 간단하죠? 또한 백의 자리일 때는 hundred를 생략할 수도 있어요. 말이 자꾸 길어지면 골치 아프잖아요. 보통 분자가 분모보다 크거나, 10을 넘어가는 복잡한 분수는 이렇게 over를 사용해서 읽는답니다. 기수와 서수로 섞어서 읽게 되면 말하는 사람은 물론 듣는 사람도 헷갈릴 수 있으니까요.

over를 사용해서 다음 분수를 영어로 읽어 보세요.

1 $\dfrac{2}{5}$ _____

2 $\dfrac{11}{3}$ _____

3 $\dfrac{7}{258}$ _____

4. $\dfrac{131}{2}$ _____

5. $\dfrac{618}{25}$ _____

약분·같은 값의 분수

분수가 가장 좋아하는 게 뭘까요? 맞아요. 약분이죠. 분모와 분자가 서로 공통 약수를 가지고 있으면 간단한 형태로 가려고 하잖아요. 예를 들어, $\dfrac{6}{12}$은 $\dfrac{3}{6}$, $\dfrac{2}{4}$, $\dfrac{1}{2}$로 약분될 수 있죠. 이런 '약분'을 영어로는 reduction이라고 해요.

한편, 분수들은 서로 같은 값(same value)을 가지고 있는 경우가 많아요. 예를 들어, $\dfrac{4}{8} = \dfrac{1}{2}$이고, $\dfrac{10}{15} = \dfrac{2}{3}$이죠. 이렇게 서로 '값이 똑같은 분수들'을 영어로는 equivalent fractions라고 합니다. equivalent는 '값이 똑같은'이라는 뜻이에요.

112

Break Time

거짓말을 밥 먹듯이 하는 사람들이 있죠. 진실이라고는 눈곱만큼도 찾아볼 수 없는 사람들 말이예요. 이런 사람들을 두고 하는 말이 있지요.

There is not a fraction of truth.

눈곱만큼의 진실도 없군.

콕콕 짚어주는 분수 어휘

fraction	분수
numerator	분자
denominator	분모
fraction bar	분모, 분자를 가르는 선
common denominator	공통분모
proper fraction	진분수
improper fraction	가분수
mixed number	대분수
reduction	약분
equivalent	동등한, 맞먹는
equivalent fractions	같은 값의 분수들

학년별로 배우는 분수 표현

➜ G2 수준

You and I want to color this square.

여러분과 나는 이 정사각형을 색칠하기를 원해요.

How can we split it so that we both color the same amount?

우리 둘 다 똑같은 양을 색칠하려면 그것을 어떻게 쪼갤 수 있을까요?

Split it into two equal parts. 그것을 이등분하세요.

➜ G3 수준

Write this mixed number as an improper fraction.

이 대분수를 가분수로 쓰세요.

Write this fraction as a mixed number. 이 분수를 대분수로 쓰세요.

$\frac{3}{4}, \frac{1}{2}, \frac{1}{6}$

What three fractions did you write? 어떤 세 개의 분수를 적었나요?

Which is the smallest fraction? 가장 작은 분수는 어느 것인가요?

List the three fractions from least to greatest.

세 개의 분수를 가장 작은 것에서 가장 큰 것의 순서로 나열하세요.

What is the numerator? 분자가 뭐죠?

The numerator is the top number in the fraction.

분자는 분수에서 위에 있는 수예요.

→ G4 수준

Four people want to decorate this cake.

네 사람이 이 케이크를 장식하고 싶어 해요.

How can they divide it so that each of them can decorate the same amount of

the cake? 어떻게 나누어야 각각 똑같은 양의 케이크를 장식할 수 있을까요?

The cake can be divided into four equal parts.

그 케이크는 4등분으로 나뉠 수 있어요.

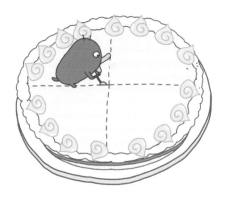

What is the numerator of $\frac{1}{4}$? $\frac{1}{4}$ 에서 분자는 뭐죠?

What is the denominator of $\frac{1}{4}$? $\frac{1}{4}$ 에서 분모는 뭐죠?

→ G5 수준

- $\frac{12}{4} = 12 \div 4 = 3$

What do you have to do to 12 to get 3? 12에서 3을 얻으려면 어떻게 해야 하죠?

Divide by 4. 4로 나누어요.

How many times does 4 go into 12? 12에 4가 몇 번 들어가나요?

Three times. 세 번이에요.

어휘

| square | split | amount | equal part |
| 정사각형 | 쪼개다 | 양 | 등분 |

| list | decorate | have to |
| 열거하다 | 장식하다 | ~해야 한다 |

예습, 복습은 철저히! 숙제는 당연히 해야겠죠?
관련된 표현들을 배워 보아요.

숙제를 잘해 왔을 때

- It was a beautiful piece of homework.

  정말 멋진 숙제였어요.

- I really enjoyed checking your homework.

  여러분 숙제를 검사하면서 참 즐거웠어요.

- It took me three hours!

  검사하는 데 세 시간이나 걸렸어요!

- You all did a wonderful job!

  여러분 모두 정말 잘했어요!

- I could see that you put so much effort
  in your homework.

  숙제에 많은 노력을 들였다는 걸 알 수 있었어요.

숙제를 안 해 왔을 때

- **A**: Please take out your homework, everyone.

  모두 다 숙제를 꺼내세요.

  B: I didn't do my homework.

  저 숙제 안 했어요.

- **A**: Why didn't you do your homework?

  왜 숙제를 안 했나요?

  B: I forgot what it was.

  뭔지 까먹었어요.

- You should listen very carefully when I am giving out homework.

  선생님이 숙제를 낼 때는 귀 기울여 들어야 해요.

- Please write it down on the homework.

  그것을 숙제란에 적으세요.

Chapter 9

Decimal 소수

소수 영어교실

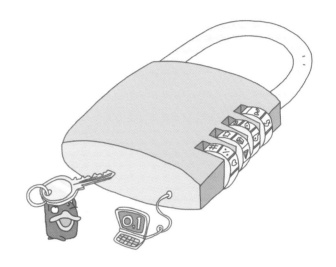

소수 읽기 1

소수 하면 제일 먼저 떠오르는 것이 뭐죠? 바로 소수점이죠. 소수점을 빼고는 소수를 말할 수 없잖아요. 0.1, 1.5, 2.0, 3.8 이렇게 점이 들어가야 비로소 소수가 되니까요. 이런 '소수'를 영어로는 decimal이라고 해요. 그리고 '소수점'은 decimal point 또는 간단히 point라고 하지요. place a demical point라고 하면 '소수점을 찍다'라는 뜻이고요.

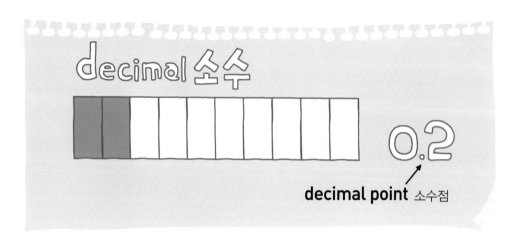

decimal 소수

0.2

decimal point 소수점

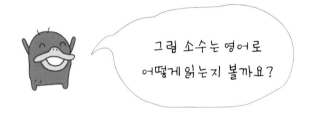

그럼 소수는 영어로
어떻게 읽는지 볼까요?

0.1 zero point one 영 점 일

0.2 zero point two 영 점 이

1.3 one point three 일 점 삼

2.5 two point five 이 점 오

0.01 zero point zero one 영 점 영일

0.03 zero point zero three 영 점 영삼

3.47 three point four seven 삼 점 사칠

6.85 six point eight five 육 점 팔오

0.001	zero point zero zero one	영 점 영영일
0.295	zero point two nine five	영 점 이구오
5.627	five point six two seven	오 점 육이칠

우리말과 똑같은 방식이라 아주 쉽죠? 소수점은 point로 읽고, 그 이후의 숫자는 각각 따로따로 읽어 주면 돼요. 이번에는 소수점 앞이 두 자리이거나 세 자리인 것도 함께 읽어 볼까요?

11.6	eleven point six	십일 점 육
25.3	twenty-five point three	이십오 점 삼
34.99	thirty-four point nine nine	삼십사 점 구구
70.84	seventy point eight four	칠십 점 팔사

100.5	one hundred point five	백 점 오
350.2	three hundred fifty point two	삼백오십 점 이
221.65	two hundred twenty-one point six five	이백이십일 점 육오
700.48	seven hundred point four eight	칠백 점 사팔

역시 우리가 읽는 방식과 똑같네요. 결론적으로 소수 읽는 방법은 이것만 알아 두면 돼요. '점'은 point로 읽고, 그 다음은 각각의 숫자를 읽어 주면 되지요.

다음 소수를 영어로 읽어 보세요.

1   0.5   _____

2   9.6   _____

3   13.8   _____

4   2.52   _____

5   17.04   _____

6   3.023   _____

7   50.72   _____

8   4.701   _____

9   88.249   _____

10   600.354   _____

소수 읽기 2

소수 0.1은 분수 $\frac{1}{10}$ 과 같아요. 그럼 0.7은 분수로 어떻게 되죠? $\frac{7}{10}$ 이죠. 이렇게 소수와 분수는 서로 친구 사이랍니다. 그래서 소수는 분수로도 읽을 수 있어요. 즉 0.1은 one tenth, 0.7은 seven tenths라고 읽을 수 있죠.

0.1   zero point one = one tenth

0.2   zero point two = two tenths

0.3   zero point three = three tenths

0.01   zero point zero one = one hundredth

0.02   zero point zero two = two hundredths

0.03   zero point zero three = three hundredths

0.001   zero point zero zero one = one thousandth

0.002   zero point zero zero two = two thousandths

0.003   zero point zero zero three = three thousandths

다음 소수를 두 가지 방법으로 읽어 보세요.

1 0.6 ____________________

____

2 0.45 ____________________

____

3 0.729 ____________________

____

정답

1. zero point six / six tenths

2. zero point four five / forty-five hundredths

3. zero point seven two nine / seven hundred twenty-nine thousandths

Break Time

0.1을 우리말로 읽을 때 '영 점 일'이라고 읽을 수도 있지만, 0을 생략하고 '점 일'이라고도 하잖아요. 영어도 마찬가지랍니다. zero point one이라고 읽을 수도 있고, zero를 생략하고 point one이라고 읽을 수도 있어요.

0.5 ➔ (zero) point five
0.33 ➔ (zero) point three three

콕콕 짚어주는 소수 어휘

decimal	소수
decimal point	소수점
place a decimal point	소수점을 찍다

학년별로 배우는 소수 표현

→ G4 수준 이상

Solve this decimal question. 이 소수 문제를 풀어 보세요.

Write $\frac{5}{10}$ in decimal form. $\frac{5}{10}$ 를 소수 형태로 쓰세요.

Write the decimal form of $\frac{5}{10}$. $\frac{5}{10}$의 소수 형태를 쓰세요.

How could we write $3\frac{7}{10}$ as a decimal?

$3\frac{7}{10}$ 을 소수로 어떻게 쓸 수 있을까요?

How do you think you could write $3\frac{7}{10}$ in decimal form?

$3\frac{7}{10}$ 을 소수 형태로 어떻게 쓸 수 있을까요?

Which is bigger, 0.01 or 0.001?

0.01과 0.001 중 어느 것이 더 크죠?

Write 563.94 and 563.49. 563.94와 563.49를 쓰세요.

Which of these two numbers is bigger? 이 두 수 중 어느 것이 더 큰가요?

form	bigger
형태	더 큰

수업시간에는 선생님의 말씀을 잘 들어야죠?
선생님이 책에서 어떤 부분을 보라고 할 때
사용하는 표현은 무엇일까요?

- Which page are we on today?

  오늘 몇 페이지 할 차례죠?

- We are on page 15 now.

  지금 15쪽이에요.

- We are on the bottom part of the page.

  페이지 맨 아래예요.

- We are on 5 lines down from the picture.

  그림에서 다섯 줄 밑을 보고 있어요.

- Are you with me, everyone?

  다들 찾았어요?

The story of decimal point

소수점 이야기

옛날에 온갖 점들이 모여 사는 점박이 나라가 있었대. 어느 날부턴가 점들이 하나씩 하나씩 다른 가족에게 입양돼 갔어. 커다란 점은 소의 등짝에 달라붙어 살게 됐고, 깨처럼 작은 점은 여자 아이의 입술 위에 찰싹 붙었지. 어떤 점들은 글자 가족에 들어가 '마침표', '말줄임표' 등 당당히 이름까지 얻게 됐단다. 그렇지만 아무도 데려가지 않는 점이 하나 있었어. 아주 작고 볼품없는 꼬마점(.) 이었지. 꼬마점은 직접 가족을 찾으러 다녔어. 겨우겨우 숫자 가족을 찾아간 꼬마점은 숫자 가족에 넣어 달라고 애원했지.

"우린 점이 필요 없다. 너같은 꼬마점이 무엇을 할 수 있겠니?"

"잘 생각해 보세요. 숫자 가족들은 불편한 게 전혀 없나요?"

"글쎄다…… 아, 참 그렇지! 0과 1사이의 수를 분수로 나타내고 있지만 불편한 점이 많단다. 특히 계산을 할 때는 전체 수를 분수로 환산해야 하고, 결과는 다시 자연수와 분수로 나타내야 하는 번거로움이 있지."

"그렇다면 제가 해 볼게요."

꼬마점은 재빨리 이리저리 옮겨다니며 새로운 숫자를 만들어냈어. 그랬더니 1.234, 21.5875와 같이 수가 무한대로 만들어지는 거야.

"이럴 수가…… 점 하나가 우리를 이렇게 편하게 하다니! 너를 이제부터 우리 가족으로 받아들이겠다. 앞으로 너의 이름을 '소수점'이라고 부르마."

이렇게 해서 꼬마점은, 아니 소수점은 당당한 숫자 가족이 되었대.

Chapter 10

Rounding 반올림

반올림

반올림은 근삿값(어림수)을 구할 때 끝수를 처리하는 방법이에요. 끝수가 4 이하이면 버리고, 5 이상이면 그 윗자리의 수에 1을 더하여 주는 것이죠. 예를 들어, 12.4를 반올림하면 12가 되고, 12.6을 반올림하면 13이 되죠. 이렇게 '반올림하다'를 영어로는 round라고 해요. 그리고 반올림해서 수를 올리는 것은 round up, 내리는 것은 round down이라고 한답니다.

한편, 특정 자리까지 반올림하라고 할 때는 to the nearest...(가장 가까운...)라는 표현을 써요. to the nearest ten 하면 '십의 자리까지'라는 뜻이고, to the nearest hundred 하면 '백의 자리까지'라는 뜻이죠.

round 반올림하다

round up 12.6 to 13 12.6을 13으로 반올림하다

round down 12.4 to 12 12.4를 12로 내리다

round ~ to the nearest ten ~을 십의 자리까지 반올림하다

round ~ to the nearest hundred ~을 백의 자리까지 반올림하다

그럼 다음 문제를 한번 풀어 볼까요?

Q1. Round each number to the nearest ten.

154 → _____   3458 → _____

Q2. Round each number to the nearest hundred.

3250 → _____   842 → _____

Q1은 '각 수를 십의 자리까지 반올림하세요.'라는 뜻이니까 정답은 각각 150, 3460이 되겠네요. Q2는 '각 수를 백의 자리까지 반올림하세요.'라는 뜻이니까 정답은 각각 3300, 800이 되겠습니다. 잘 푸셨나요?

끝으로 round를 이용한 표현을 한 가지 더 알아보아요.

27 rounds to 30. 27을 반올림하면 30이 된다.

248 rounds to 250. 248을 반올림하면 250이 된다.

근삿값

반올림해서 올리거나 내린 수는 정확한 수가 아니기 때문에 근삿값이라고 하죠. 또 정확하게 계산하지 않고 대략적으로 어림한 값도 근삿값이라고 하는데, 이런 '근삿값' 또는 '근사치'를 영어로는 estimation이라고 합니다. estimation의 동사형 estimate는 '어림하다, 추정하다'라는 뜻이에요.

Estimate the sum 403+595.

403+595의 합을 어림잡으세요.

위의 문제에서 지시한 대로 어림잡아 계산하면 400+600=1000이 나오는데, 1000은 정확한 수치가 아니라 대략적으로 어림한 값이니까 estimation이라고 합니다.

Break Time

round up은 수학에서는 '반올림하다' 라는 뜻이지만, 경찰들은 범인 등을 '검거하다' 라는 의미로 쓴답니다.

The police rounded up the gang of criminals.
경찰은 그 범죄자 일당을 검거했다.

콕콕 짚어주는 반올림 어휘

round	반올림하다
round up	(우수리를 윗자리로) 반올림하다
round down	(우수리를 잘라서) 내리다
round ～ to the nearest ten	～을 십의 자리까지 반올림하다
round ～ to the nearest hundred	～을 백의 자리까지 반올림하다
estimate	어림하다, 추정하다
estimation	근삿값, 근사치

학년별로 배우는 반올림 표현

➜ G3 수준

Estimate the sum. 합을 어림잡으세요.

Estimate the difference. 차를 어림잡으세요.

Estimate the product. 곱을 어림잡으세요.

➜ G4 수준

Round up if the number is 5 or more. 숫자가 5 이상이면 반올림하세요.

Leave the number if it is less than 5. 숫자가 5보다 작으면 그냥 두세요.

Use rounding to estimate the difference.

반올림을 사용하여 차를 어림잡으세요.

It came to $3.97, rounded up to $4.

합계는 3.97달러였는데, 반올림해서 4달러가 되었다.

They rounded the fraction down to one thousand won.

그들은 우수리를 천 원으로 깎았다.

If you do not need an exact answer, you can estimate.

만약 정확한 답이 필요하지 않다면 어림잡을 수 있어요.

When you estimate, you find an answer that is close to the exact answer.

어림잡을 때는 정답에 가까운 답을 찾습니다.

How would you round 13.34? 13.34는 어떻게 반올림하나요?

What is 13.8 rounded to the nearest whole number?

13.8을 가장 가까운 자연수로 반올림하면 뭐죠?

• 4,319 – 1,269

Estimate first. Then subtract. 먼저 어림잡으세요. 그런 다음 뺄셈을 하세요.

• 280 ÷ 8

Estimate the answer, then divide. Tell whether your estimate is too high
or too low. 먼저 답을 어림잡은 후 나눗셈을 하세요. 여러분의 추정치가 너무 높은지
혹은 너무 낮은지 말해 보세요.

영어로 풀어보는 반올림 문제

ⓟroblem

The table shows the number of students in each grade at Korea International School. Estimate how many students are in the third and fourth grades.

Korea International School	
Grade	Number of Students
Second	319
Third	388
Fourth	325

ⓐnswer

Third Grade: (   )

Fourth Grade: (   )

★ 해석 및 풀이 ★

문제 다음 표는 한국국제학교의 학년별 학생 수를 보여 주고 있어요.
3학년과 4학년의 학생 수를 어림잡아 보세요.

정답 3학년: (**400**)   4학년: (**300**)

어휘 table 표 grade 학년

144

Chapter 11

Ratio 비율

비율 영어교실

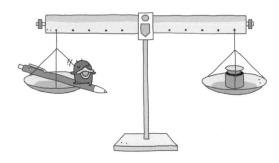

비율 읽기

비율은 어떤 두 개의 수나 양을 비교해서 서로에 대한 비를 나타낸 것이에요. 예를 들어, 어느 반의 남학생이 10명이고 여학생이 30명일 경우, 남학생과 여학생의 비율은 10 : 30이고, 이를 간단히 줄이면 1 : 3이 되는 것이죠. 이런 '비율'을 영어로는 ratio라고 한답니다.

10명 : 30명 = 1 : 3

└➤ **ratio** 비율

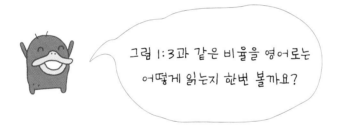

그럼 1:3과 같은 비율을 영어로는
어떻게 읽는지 한번 볼까요?

·1:3 (1 대 3)

one to three

the ratio of one to three

·2:5 (2 대 5)

two to five

the ratio of two to five

간단하죠? 비율을 나타내는 숫자는 그대로 읽어 주고, 그 사이에 to만 넣으면
돼요. the ratio of는 생략해도 되고요.

다음을 영어로 읽어 보세요.

1 6 : 1 _____

2 4 : 7 _____

정답 1. (the ratio of) six to one 2. (the ratio of) four to seven

한편, 비율을 쓰는 방법에는 세 가지가 있어요. 예를 들어, 2개의 사과와 3개의 오렌지가 있을 때 '사과 대 오렌지'의 비율은 2:3, 또는 2 to 3, 또는 $\frac{2}{3}$ 로 쓸 수 있죠. 즉 2:3 = 2 to 3 = $\frac{2}{3}$ 랍니다.

다음 비율을 세 가지 방법으로 써 보세요.

1 8 pens to 5 crayons

_____

2 10 markers to 5 pencils

_____

정답 1. 8:5, 8 to 5, $\frac{8}{5}$ 2. 10:5, 10 to 5, $\frac{10}{5}$ (또는 2:1, 2 to 1, $\frac{2}{1}$)

백분율

비율 중에는 백분율이라는 것이 있는데, 이것은 전체 수량을 100으로 잡았을 때 그것에 대한 비율을 나타낸 것이랍니다. 우리가 일상에서도 많이 쓰는 '퍼센트'가 바로 백분율이죠. 영어로는 percent 또는 percentage라고 하고, 기호로는 %로 표시해요.

percent는 다음과 같이 분수와 소수로 나타낼 수도 있어요.

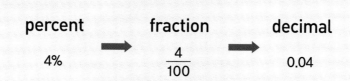

Break Time

누군가의 말에 전적으로 동의하거나 동감할 때 '100% 찬성'이라는

말을 많이 하죠? 영어로도 그렇게 말할 수 있답니다.

I agree with you a hundred percent.

네 의견에 100% 동의해.

콕콕 짚어주는 비율 어휘

ratio	비율, 비
percent(%)	백분율, 비 (= percentage)

학년별로 배우는 비율 표현

➜ G5-G6 수준

Ratios can be written in any of these three ways: 1:3, 1 to 3, and $\frac{1}{3}$.

비율은 1:3, 1 to 3, $\frac{1}{3}$ 세 가지 방법 중 어느 것으로든 쓸 수 있어요.

Write each ratio in three different ways.

각 비율을 서로 다른 세 가지 방법으로 쓰세요.

Write two equivalent ratios for each.

각각에 대해 두 가지 동등한 비율을 쓰세요.

Write another equivalent ratio. 또 다른 동등한 비율을 쓰세요.

How can you write 50% as a decimal and a fraction?

50%를 소수와 분수로는 어떻게 쓸 수 있나요?

20 is what percent of 60? 20은 60의 몇 퍼센트인가요?

어휘

way	different	equivalent
방법	다른	동등한

영어로 풀어보는 비율 문제

Problem

A worker receives 90 dollars for 6 hours of work.

How much does the worker earn in one hour?

Answer

He earns (   ) dollars in an hour.

.... ★해석 및 풀이★ ....

문제 어떤 근로자가 6시간 일하고 90달러를 받아요.

이 근로자는 1시간에 얼마를 버는 걸까요?

정답 그는 1시간에 (**15**)달러를 벌어요. ⇨ 6 : 90 = 1 : x

어휘 worker 일꾼, 근로자 receive 받다 earn 벌다

재미있는 수학 이야기 ④

The Equation of Love

사랑의 방정식

물리학자 알버트 아인슈타인(Albert Einstein)이 물리학 강의 도중 잠깐 숨을 돌리는데 한 학생이 질문했습니다.

"박사님은 모든 물체 사이에 작용하는 상대성 원리를 발견하셨고, 또 그것을 수식화하셨는데, 그렇다면 사람들 사이에 오가는 사랑도 방정식으로 표현하실 수 있습니까?"

잠시 생각에 잠긴 아인슈타인은 칠판에 그 유명한 사랑의 방정식을 썼어요.

Love = 2□ + 2△ + 2∨ + 8<

이 방정식의 풀이는 이렇지요.

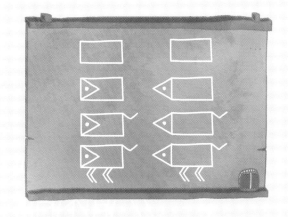

'가지 않으면 안 될 길을 마지 못해 떠나가며 못내 아쉬어 뒤돌아보는 그 마음! 갈 수 없는 길인데도 따라가지 않을 수 없는 안타까운 마음! 그 마음이 사랑인 것이다.'

Part5

Chapter 12

Time 시간

시간 영어교실

요일, 월, 계절

시, 분, 초, 요일, 월, 계절 등을 통틀어 우리는 '시간'이라고 하죠. 영어로는
여러분도 잘 알다시피 time이라고 해요. 이런 시간을 나타내는 단위는 여러 가
지가 있는데, 먼저 요일, 월, 계절의 이름부터 살펴볼까요?

7 days of the week 요일

Monday 월요일   **Tuesday** 화요일   **Wednesday** 수요일

Thursday 목요일   **Friday** 금요일

Saturday 토요일   **Sunday** 일요일

7일이 모이면 1주가 되죠. '하루, 날, 일'은 day라고 하고, '주'는 week라고 해요. 그러니까 7 days = 1 week랍니다. 그리고 4주가 모이면 1달이 되는데, '달, 월'은 month라고 해요. 따라서 4 weeks = 1 month가 되겠네요. 그럼 이제 달의 이름을 살펴볼까요?

12 months 12달

January 1월   **February** 2월   **March** 3월

April 4월   **May** 5월   **June** 6월

July 7월   **August** 8월   **September** 9월

October 10월   **November** 11월   **December** 12월

12달이 모이면 1년이 되는데, '년, 해'는 year라고 해요. 따라서 12 months=1 year가 되겠죠. 그리고 year가 모여 10년이 되면 decade(10년)라고 하고, 100년이 되면 century(세기)라고 한답니다. '21세기'를 '21C'라고 쓰는 거 많이 봤죠? 여기서 C가 바로 century를 뜻하는 거예요. 그리고 1000년은 millennium이라고 합니다. 그래서 '새 천년'을 new millenium이라고 하죠.

한편, 1년에는 4계절이 있는데, '계절'은 season이라고 해요. 그럼 각 계절의 이름도 알아볼까요?

4 seasons

'가을'은 fall이라고도 하고 autumn이라고도 한답니다. 그리고 '사계절'은 네 개의 계절을 모두 합쳐 말하는 거니까 말 그대로 four seasons라고 하죠.

1 There are 7 _____ in a week.

2 There are about 4 _____ in a month.

3 There are about 30 _____ in a month.

4 There are 12 _____ in a year.

5 There are about 52 _____ in a year.

6 There are 365 _____ in a year.

7 There are 10 _____ in a decade.

8 There are 100 _____ in a century.

초, 분, 시간

하루는 24시간이고, 1시간은 60분, 1분은 60초라는 걸 모르는 친구는 없겠죠? 하루는 이렇게 시간, 분, 초로 쪼개질 수 있는데, 영어로는 각각 뭐라고 할까요?

hour (h) 시간
minute (min) 분
second (s) 초

이렇게 말한답니다. 그런데 가끔 hour와 time을 구별하지 못하는 친구들이 있어요. hour는 1시간, 2시간 할 때의 시간이고, time은 '너 시간 있니?(Do you have time?)' 할 때와 같이 일반적인 시간을 뜻하는 말이니까 주의하세요.

한편, '초'를 의미하는 second는 간단히 sec이라고도 해요. 그런데 보통 대화할 때 second를 쓰면 꼭 '초'를 의미한다기보다 '순간, 잠깐'이라는 뜻으로 쓰이는 경우가 많아요. 예를 들어, Wait a second! 하면 말 그대로 1초 기다리라는 게 아니라 '잠깐만 기다려!'라는 뜻이죠. minute도 마찬가지예요. Wait a minute! 하면 1분 기다리라는 게 아니라 '잠깐만 기다려!'라는 뜻이죠.

163

1 There are 24 _____ in a day.

2 There are 60 _____ in an hour.

3 There are 60 _____ in a minute.

시계 읽기

시계를 읽을 때는 It's 다음에 몇 시인지 시간과 분을 각각 기수로 읽어 주면
돼요. 그런데 after/past 또는 before/to를 사용해서 읽는 방법도 있어요.

It's two o'clock. 2시다.

It's three ten. 3시 10분이다.
It's ten after/past three. 3시 지난 10분이다.

It's four fifteen. 4시 15분이다.

It's a quarter after/past four. 4시 지난 15분이다.

It's five thirty. 5시 30분이다.

It's half after/past five. 5시 반이다.

It's six fifty. 6시 50분이다.

It's ten before/to seven. 7시 10분 전이다.

It's seven forty-five. 7시 45분이다.

It's a quarter before/to eight. 8시 15분 전이다.

after와 past는 '~ 지난'이라는 뜻이고, before와 to는 '~ 이전'이라는 뜻이에요. 그래서 위와 같은 식으로 표현할 수 있답니다. 참고로, after와 before는 미국에서 주로 쓰이고, past와 to는 영국에서 주로 쓰여요.

한편, 30분은 60분의 $\frac{1}{2}$, 즉 절반이니까 half를 사용해서 말할 수 있어요. 또 15분은 60분의 $\frac{1}{4}$이 지난 거니까 a quarter after/past...로 나타낼 수 있고, 45분은 다음 시까지 남은 게 15분이니까 a quarter before/to...로 나타낼 수 있죠.

그리고 o'clock은 2시, 3시와 같이 정각의 시만 말할 때 쓰고 분을 말할 때는 쓰지 않으니까 주의하세요.

다음 시계를 각각 두 가지 방법으로 읽어 보세요.

1.
a) It's _____.

b) It's _____.

2.
a) It's _____.

b) It's _____.

3.
a) It's _____.

b) It's _____.

4.
a) It's _____.

b) It's _____.

정답

1. a) one ten   b) ten after(또는 past) one

2. a) two thirty   b) half after(또는 past) two

3. a) eight forty-five   b) a quarter before(또는 to) nine

4. a) eleven fifty   b) ten before(또는 to) twelve

끝으로 시계 바늘의 명칭도 알아보아요. '시계의 바늘'은 hand라고 해요. 사람으로 치면 가리키는 손과 같은 역할을 한다는 거죠. 그래서 분을 가리키는 '분침(큰바늘)'은 minute hand, 시를 가리키는 '시침(작은바늘)'은 hour hand라고 합니다. 초를 가리키는 '초침'은 second hand가 되겠죠?

Break Time

보통 한 달은 30일이나 31일인데, 2월만 28일밖에 안 되죠. 그리고 4년마다 한 번씩 윤년이 돌아오면 2월은 29일이 되는데, 이 '윤년' 을 영어로는 leap year라고 해요.

leap이 '껑충 뛰다, 뜀, 도약'이라는 뜻이니까, 4년마다 한 번씩 껑충 뛰어 돌아오는 해라는 뜻에서 붙여진 이름이 아닐까요?

콕콕 짚어주는 시간 어휘

time	시간, 때
day	하루, 날, 일
week	주
month	달, 월
year	년, 해
century	세기
season	계절
second	초
minute	분
hour	시간
hour hand	(시계의) 시침, 작은바늘
minute hand	(시계의) 분침, 큰바늘
second hand	(시계의) 초침

학년별로 배우는 시간 표현

➔ G1-G3 수준

What day is it today? 오늘은 무슨 요일이죠?

What's the date today? 오늘은 며칠이죠?

What is the first month? 첫 번째 달은 뭐죠? ⇨ January

Which month is before July? 7월 전은 몇 월이죠? ⇨ June

Which month comes after November? 11월 다음은 무슨 달이죠? ⇨ December

What is the first day of the week? 한 주의 첫 번째 날은 뭐죠? ⇨ Sunday

What is the last day of the week? 한 주의 마지막 날은 뭐죠? ⇨ Saturday

What day of the week is June 4? 6월 4일은 무슨 요일이죠?

What season is October in? 10월은 어느 계절에 속해 있죠? ⇨ fall/autumn

What month is your birthday in? 여러분의 생일은 무슨 달에 있나요?

What season is your birthday month in? 여러분의 생일 달은 어느 계절에 있나요?

Which season is your favorite? 어떤 계절을 가장 좋아해요?

What activities can you do during this season?

이 계절에는 무슨 활동을 할 수 있죠?

How many minutes does it take for the minute hand to go around the clock

once? 분침이 시계를 한 바퀴 도는 데 몇 분이 걸리죠? ⇨ 60 minutes

How many minutes does it take for the minute hand to go around halfway?

분침이 반 바퀴 도는 데 몇 분이 걸리죠? ⇨ 30 minutes

영어로 풀어보는 시간 문제

Problem

If your TV program ended at 11:00 and you spent three minutes brushing your teeth and one minute changing into your pajamas, what time would it be when you got into bed?

Answer

It would be (   ).

★해석 및 풀이★

문제 만약 TV 프로그램이 11시에 끝나고, 양치질을 하는 데 3분이 걸리고,
파자마로 갈아입는 데 1분이 걸린다면, 잠자리에 드는 때는 몇 시일까요?

정답 (11시 4분)입니다.

어휘 spend (시간을) 보내다 (과거형: spent) brush one's teeth 양치질을 하다
change into ~로 갈아입다 get into bed 잠자리에 들다

Chapter 13

Money 화폐

화폐 영어교실

동전의 종류

화폐는 크게 지폐와 동전으로 나뉘는데, '지폐'는 bill, '동전'은 coin이라고 해요. 우리나라는 지폐든 동전이든 모두 단위가 '원'이지만, 미국의 지폐는 dollar(달러)가 단위이고, 동전은 cent(센트)가 단위랍니다. 1 dollar는 100 cent 예요. 그럼 미국의 지폐와 동전에는 어떤 것이 있는지 살펴볼까요? 먼저 동전 부터 봅시다.

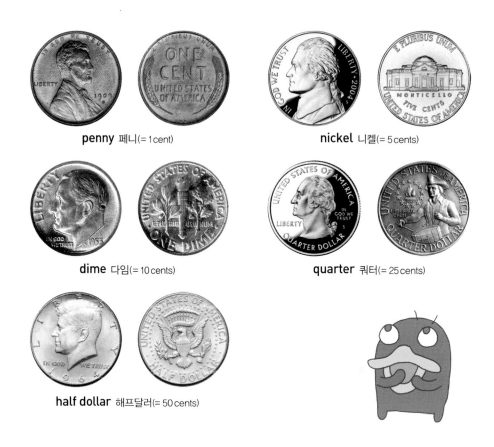

penny 페니(= 1 cent)

nickel 니켈(= 5 cents)

dime 다임(= 10 cents)

quarter 쿼터(= 25 cents)

half dollar 해프달러(= 50 cents)

동전에는 다섯 가지 종류가 있어요. 가장 낮은 가치의 동전은 1센트짜리인 penny이고, 그 다음은 5센트의 nickel, 10센트의 dime, 25센트의 quarter, 50센트의 half dollar예요. 25센트 동전은 '1달러의 $\frac{1}{4}$'이라는 뜻에서 quarter라고 하고, 50센트 동전은 '1달러의 반'이라는 뜻에서 half dollar라고 한답니다.

A penny has a value of 1 cent. 1페니는 1센트의 가치를 가지고 있다.

A nickel has a value of 5 cents. 1니켈은 5센트의 가치를 가지고 있다.

A dime has a value of 10 cents. 1다임은 10센트의 가치를 가지고 있다.

A quarter has a value of 25 cents. 1쿼터는 25센트의 가치를 가지고 있다.

A half dollar has a value of 50 cents. 1해프달러는 50센트의 가치를 가지고 있다.

1 dollar equals 100 cents. 1달러는 100센트와 같다.

10 pennies equals 2 nickels. 10페니는 2니켈과 같다.

4 quarters equals 1 doller. 4쿼터는 1달러와 같다.

지폐의 종류

미국의 지폐는 아래와 같이 일곱 가지가 있어요.

1 dollar (1달러)

2 dollars (2달러)

5 dollars (5달러)

10 dollars (10달러)

20 dollars (20달러)

50 dollars (50달러)

100 dollars (100달러)

dollar를 기호로 쓸 때는 $로 쓰죠. 1 dollar는 $1와 같이 쓰면 된답니다. 반면 cent의 기호는 ¢인데, $와 달리 숫자 뒤에 쓰여요. 1 cent는 1¢와 같이 쓰죠.

한편, $3.55와 같이 소수점을 쓸 때, 소수점 앞은 dollar를 의미하고 소수점 뒤는 cent를 의미해요. 따라서 $3.55는 3 dollars and 55 cents(3달러 55센트)의 뜻이랍니다.

176

$10 means 10 dollars. $10는 10달러를 의미한다.

5¢ means 5 cents. 5¢는 5센트를 의미한다.

$7.26 means 7 dollars and 26 cents. $7.26는 7달러 26센트를 의미한다.

빈칸에 알맞은 숫자를 넣으세요.

1 Two dimes have a value of _____ cents.

2 Three quarters have a value of _____ cents.

3 Twenty pennies have a value of _____ cents or _____ nickels.

4 Three half dollars equals _____ quarters.

5 A dollar equals _____ pennies, _____ nickels, _____ dimes,

_____ quarters, or _____ half dollars.

6 $15.30 means _____ dollars and _____ cents.

Break Time

Cent를 사용한 표현이 있어요. feel like two cents를 말 그대로 풀면 '2센트 같은 느낌이다' 인데, 이것은 '창피한 느낌이 들다' 라는 뜻으로 쓰여요. 2센트는 아주 작은 돈이니까, 그만큼 부끄럽고 창피하다는 뜻이 되는 거죠.

I felt like two cents at that time.

그때 어찌나 창피했는지 몰라.

콕콕 짚어주는 화폐 어휘

coin	동전
bill	지폐
cent	센트
dollar	달러
penny	페니, 1센트 동전
nickel	니켈, 5센트 동전
dime	다임, 10센트 동전
quarter	쿼터, 25센트 동전
half dollar	해프달러, 50센트 동전

학년별로 배우는 화폐 표현

→ G1 수준

What can you buy with your money?

여러분이 가진 돈으로 무엇을 살 수 있죠?

Do you have enough money to buy the cap?

그 모자를 살 충분한 돈을 가지고 있어요?

→ G2 수준

If I give you another dime, will you have enough?

만약 내가 다임을 또 하나 주면 충분한가요?

What are some items that are too expensive to buy with 7 cents?

어떤 품목들이 7센트로 사기에 너무 비싼가요?

How much is a dime's worth? 다임의 가치는 얼마죠? ⇨ 10 cents

Do you know how much a nickel is worth?

니켈의 가치가 얼마인지 알아요? ⇨ 5 cents

How can I write 81 cents?

81센트를 어떻게 쓸 수 있죠? ⇨ 81 cents / 81¢ / $0.81

What comes after $0.99? 99센트 다음에 뭐가 오죠? ⇨ $1.00

Can you choose some coins that equal $1.00?

1달러에 해당하는 동전들을 고를 수 있나요?

How many quarters do I need to make $1.00?

1달러를 만들려면 쿼터가 몇 개 필요하죠? ⇨ 4개

Does having more coins mean having more money?

더 많은 동전을 가지고 있는 것이 더 많은 돈을 가지고 있다는 뜻인가요?

Do you think it would be a good idea to have only pennies to pay for things?

물건값을 지불할 때 페니만 갖고 있는 것이 좋은 생각일까요?

어휘

cap	item	expensive	worth
모자	품목	비싼	가치, 가치가 ~인

영어로 풀어보는 화폐 문제

ⓟroblem

A school lunch costs $1.55.

Ann has $2.45.

How much money will she have left after buying lunch?

ⓐnswer

Ann will have (   ) left.

★해석 및 풀이★

문제 학교 점심은 1달러 55센트예요. 앤은 2달러 45센트를 가지고 있어요.
앤이 점심을 사 먹은 후에는 얼마가 남아 있을까요?

정답 (**90 ¢**)가 남아 있을 거예요.

어휘 cost 값이 ~이다 have ~ left ~이 남다

182

Chapter 14

Temperature 온도

온도 영어교실

섭씨와 화씨

따뜻하거나 차가운 정도를 온도라고 하는데, 이런 '온도'를 영어로는 temperature라고 해요.

온도를 나타내는 방법에는 섭씨와 화씨 두 가지가 있답니다. 섭씨는 물의 어는점을 0°C, 끓는점을 100°C로 정한 온도 체계이고, 화씨는 물의 어는점을 32°F, 끓는점을 212°F로 정한 온도 체계예요. 따라서 섭씨 0도는 화씨 32도와 같고, 섭씨 100도는 화씨 212도와 같은 셈이죠.

영어로 '섭씨'는 Celsius라고 하고, 기호로는 ℃로 써요. '화씨'는 Fahrenheit 라고 하고, 기호로는 °F로 쓰죠.

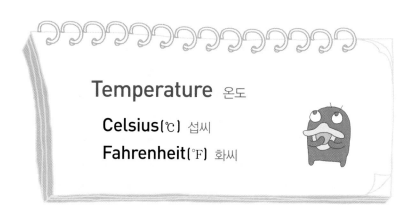

Temperature 온도
Celsius(℃) 섭씨
Fahrenheit(°F) 화씨

우리나라에서는 온도를 나타낼 때 섭씨를 사용하는데, 영국과 미국에서는 화씨를 사용해요. 따라서 영국과 미국에서 온도를 나타낼 때 특별한 표시가 없다면 화씨로 생각하면 된답니다.

섭씨와 화씨 읽기

섭씨와 화씨의 온도를 각각 읽어 볼까요?

0℃	zero degrees Celsius	섭씨 0도
10℃	ten degrees Celsius	섭씨 10도
23℃	twenty-three degrees Celsius	섭씨 23도

185

80°F   eighty degrees Fahrenheit 화씨 80도

152°F   one hundred fifty-two degrees Fahrenheit 화씨 152도

204°F   two hundred four degrees Fahrenheit 화씨 204도

아주 쉽죠? 몇 도인지 숫자를 읽은 다음, degrees를 붙여 주기만 하면 돼요. degrees는 우리말의 '도'에 해당하는 말이에요. 그 다음에는 섭씨라면 Celsius, 화씨라면 Fahrenheit로 말하면 된답니다.

문장 속에 쓰인 각 온도를 영어로 읽어 보세요.

1 Water freezes at 0℃ and boils at 100℃.

_____

_____

186

2 Water freezes at 32°F and boils at 212°F.

_____

_____

3 Normal body temperature is 37℃.

_____

4 Normal body temperature is 98.6°F.

_____

콕콕 짚어주는 온도 어휘

temperature	온도
Celsius (℃)	섭씨
Fahrenheit (℉)	화씨
degrees	도
freez	얼다
boil	끓다

학년별로 배우는 온도 표현

➔ G4 수준

Write each temperature. 각각의 온도를 적어 보세요.

Q : Choose the better estimate of the temperature.

온도를 잘 어림잡은 것을 고르세요.

1.   **2.**

    ⓐ -5℃   ⓑ 27℃   ⓐ 10℃   ⓑ 30℃

정답: 1. ⓐ 2. ⓑ

➔ G5 수준

Give the temperature in Celsius and in Fahrenheit.

섭씨와 화씨로 온도를 나타내세요.

Temperature is measured using a thermometer.

온도는 온도계를 사용해서 측정됩니다.

189

What is the temperature reading on each thermometer?

각각의 온도계에서 온도가 어떻게 되나요?

It can be measured in degrees Celsius(℃). 그것은 섭씨로 측정될 수 있어요.

32 degrees Fahrenheit equals 0 degrees Celsius. 화씨 32도는 섭씨 0도예요.

➜ G6 수준

Describe an activity you might do outside if the temperature is 32℃.

기온이 섭씨 32도라면 여러분이 밖에서 할 수 있을 활동을 설명해 보세요.

어휘

estimate	measure	thermometer
추정치	측정하다	온도계

describe	activity	outside
설명하다	활동	바깥에서

영어로 풀어보는 온도 문제

Problem

The temperature outside was - 5 degrees Celsius at 7 a.m.

The temperature rose to 18 degrees Celsius by 1 p.m.

How many degrees did the temperature go up?

Answer

The temperature went up (　　　　　) degrees.

.... ★해석 및 풀이★ ....

문제　오전 7시에 바깥 기온이 섭씨 −5도였어요. 오후 1시쯤에는 기온이 섭씨 18도로 올랐어요.
　　　기온이 몇 도 올랐을까요?

정답　기온이 (**23**)도 올랐어요.

어휘　outside 바깥에　rise 오르다(과거형: rose)　go up 오르다

Chapter 15

Shape 도형

도형 영어교실

'도형'은 shape 또는 figure라고 해요. 도형에는 크게 평면도형과 입체도형 두 가지 종류가 있는데, 여기서는 각각의 특징과 그 안에 속한 여러 가지 도형들을 공부해 봅시다.

평면도형

'평면도형'은 plane shape 또는 plane figure라고 해요. 평평한 면에 그려지는 도형이죠. 그래서 two-dimensional shape(이차원 도형)이라고도 해요. 원, 삼각형, 사각형, 오각형 등이 바로 평면도형이죠.

　한편 삼각형, 사각형, 오각형……과 같이 셋 이상의 직선으로 둘러싸인 평면 도형은 '다각형'이라고 해요. 영어로는 polygon이죠.

plane shape (=plane figure) 평면도형

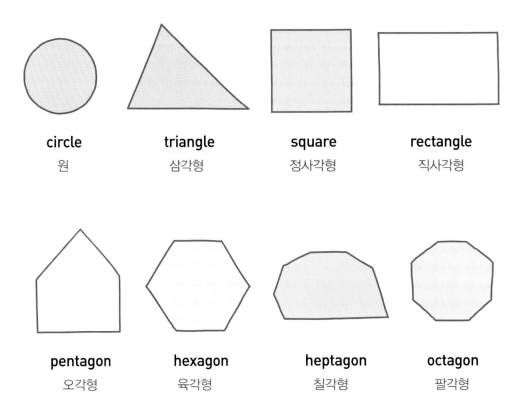

| **circle** | **triangle** | **square** | **rectangle** |
| 원 | 삼각형 | 정사각형 | 직사각형 |

| **pentagon** | **hexagon** | **heptagon** | **octagon** |
| 오각형 | 육각형 | 칠각형 | 팔각형 |

　원을 제외한 평면도형에는 변과 꼭지점이 있죠. '변'은 side이고, '꼭지점'은 vertex 또는 corner라고 해요.

A side is any of the lines that form a plane shape such as a square or triangle.

변은 정사각형이나 삼각형 같은 평면도형을 구성하는 선이다.

A vertex or corner is the point where two sides meet together.

꼭지점은 두 개의 변이 만나는 점이다.

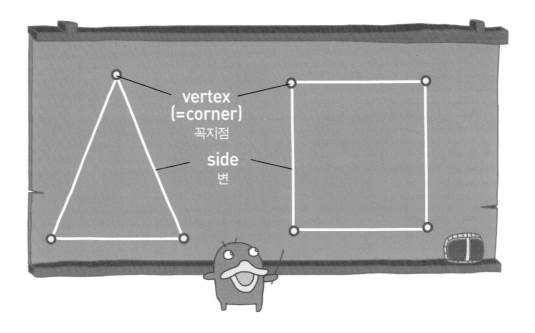

A plane figure is a flat surface. 평면도형은 평평한 표면이다.

A triangle has 3 sides and 3 vertices.

삼각형은 3개의 변과 3개의 꼭지점을 가지고 있다.

A square has 4 sides and 4 vertices.

정사각형은 4개의 변과 4개의 꼭지점을 가지고 있다.

입체도형

'입체도형'은 solid shape 또는 solid figure라고 해요. 입체도형은 부피를 가지고 있어서 공간을 차지하죠. 그래서 space shape(공간 도형) 또는 three-dimensional shape(삼차원 도형)이라고도 합니다.

solid shape(=solid figure) 입체도형

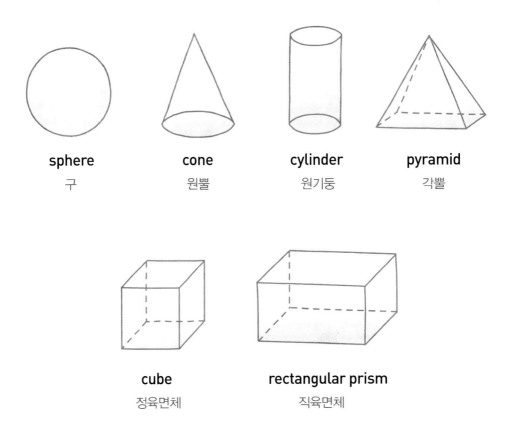

sphere	**cone**	**cylinder**	**pyramid**
구	원뿔	원기둥	각뿔

cube
정육면체

rectangular prism
직육면체

입체도형에는 면과 모서리, 그리고 꼭지점이 있죠. '면'은 face, '모서리'는 edge라고 해요. '꼭지점'은 다 아시죠? vertex 또는 corner라고 하는 걸!

A face is the shape formed by the edges of a solid figure.

면은 입체도형의 모서리에 의해 형성된 모양이다.

An edge is where two faces meet. 모서리는 두 개의 면이 교차하는 곳이다.

A vertex or corner is the point where three or more edges meet together.

꼭지점은 세 개 이상의 모서리가 만나는 점이다.

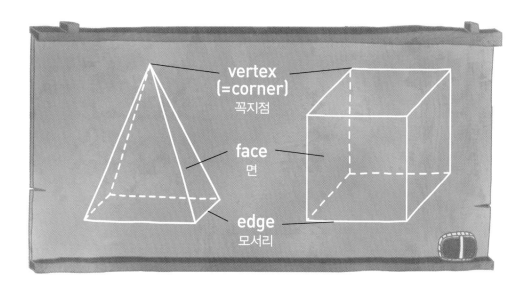

A pyramid has 5 faces, 5 vertices, and 8 edges.

각뿔은 5개의 면과 5개의 꼭지점과 8개의 모서리를 가지고 있다.

A cube has 6 faces, 8 vertices, and 12 edges.

정육면체는 6개의 면과 8개의 꼭지점과 12개의 모서리를 가지고 있다.

다음 도형의 이름을 써 보세요.

1 삼각형

_____

2 직사각형

_____

3 팔각형

_____

4 원뿔

_____

5 각뿔

_____

6 구

_____

각의 종류

하나의 점에서 뻗어나간 두 개의 반직선이 벌어진 정도를 '각'이라고 하죠.
영어로는 angle이라고 해요. 각에는 예각, 직각, 둔각, 평각 등이 있는데, 영어
로는 다음과 같아요.

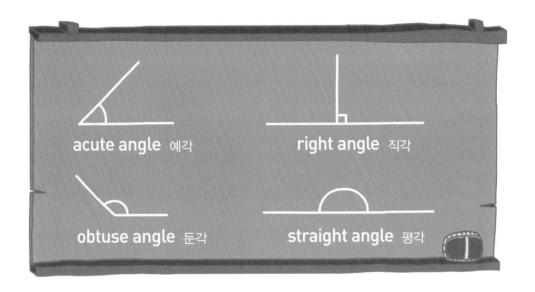

acute angle 예각

right angle 직각

obtuse angle 둔각

straight angle 평각

An angle consists of two rays with the same vertex.

각은 같은 꼭지점을 가진 두 개의 반직선으로 이루어져 있다.

Right angle is an angle of 90°. 직각은 90°의 각이다.

Acute angle is an angle of less than 90°. 예각은 90°보다 작은 각이다.

Obtuse angle is an angle of more than 90°.

둔각은 90°보다 큰 각이다.

Straight angle is an angle that equals 180°. 평각은 180°와 같은 각이다.

각도의 단위인 도(°)는 degrees라고 읽어요. 참고로, '각도기'는 protractor라고 한다는 것도 알아 두세요.

Break Time

삼각형이 영어로 triangle이라는 것은 쉽게 기억할 수 있죠. 여러분이 잘 알고 있는 삼각형의 악기가 바로 '트라이앵글'이잖아요. 여기서 tri-는 three의 의미예요. angle은 '각'이고요. 삼각형을 이루는 각은 세 개가 있어서 triangle이라는 이름이 붙었나 봅니다.

난 triangle 연주자!

콕콕 짚어주는 도형 어휘

shape(=figure)	도형
plane shape(=plane figure)	평면도형
solid shape(=solid figure)	입체도형
two-dimensional shape	2차원 도형(=평면도형)
three-dimensional shape	3차원 도형(=입체도형)
polygon	다각형
circle	원
triangle	삼각형
square	정사각형
rectangle	직사각형
pentagon	오각형
sphere	구
cone	원뿔
cylinder	원기둥
pyramid	각뿔
cube	정육면체

rectangular prism	직육면체
side	변
face	면
vertex(복수형：vertices)	꼭지점
edge	모서리
angle	각
acute angle	예각
right angle	직각
obtuse angle	둔각
straight angle	평각
protractor	각도기

학년별로 배우는 도형 표현

→ G3 수준

Circle the pyramid. 각뿔에 동그라미 하세요.

Put an × on the sphere. 구에 X 표시 하세요.

Color the cone blue. 원뿔을 파란색으로 칠하세요.

Color the cube red. 정육면체를 빨간색으로 칠하세요.

Is every square a rectangle? 모든 정사각형은 직사각형인가요? ⇨ Yes.

Is every rectangle a square? 모든 직사각형은 정사각형인가요? ⇨ No.

→ G4 수준

Can you find the shapes that only have flat faces?

평면만을 가진 도형을 찾을 수 있나요?

Count the corners of each shape. 각 도형의 꼭지점을 세어 보세요.

Count the sides and vertices of a pentagon.

오각형의 변과 꼭지점을 세어 보세요.

Point out the shapes with three sides and four sides.

세개의 변과 네개의 변을 가진 도형을 가리키세요.

A pentagon is a shape with five sides. 오각형은 다섯 개의 변을 가진 도형이에요.

Do the number of sides and the number of vertices equal each other on

every polygon? 모든 다각형에서 변의 수와 꼭지점의 수는 서로 같은가요? ➪ Yes.

A cube has six faces and eight vertices.

정육면체는 여섯 개의 면과 여덟 개의 꼭지점을 가지고 있어요.

Can you name the types of angles that are in this drawing?

이 그림에 있는 각의 유형을 말할 수 있나요?

➔ G5 수준 이상

What is the difference between a square and a rectangle?

정사각형과 직사각형의 차이점은 무엇이죠?

All the sides of a square are the same length; a rectangle has two long sides

and two short sides. 정사각형의 모든 변은 길이가 같아요. 직사각형은 두 개의

긴 변과 두 개의 짧은 변을 가지고 있어요.

Do you think the cube has flat faces or curved?

정육면체는 평면을 가지고 있나요, 아니면 곡면을 가지고 있나요?

Can you find a shape that has only a curved face?

곡면만을 가진 도형을 찾을 수 있겠어요? ⇨ sphere(구)

Can you find the shapes that have both curved and flat faces?

곡면과 평면을 모두 가진 도형을 찾을 수 있겠어요? ⇨ cone(원뿔), cylinder(원기둥)

How are space shapes different from plane shapes?

공간도형은 평면도형과 어떻게 다르죠?

Space shapes are three-dimensional while plane shapes are two-dimensional.

공간도형은 3차원인 반면, 평면도형은 2차원이에요.

If I cut this 180° angle exactly in half, what's the measurement of each of these angles?

내가 이 180°를 정확히 반으로 자르면, 이들 각각의 각의 크기는 얼마일까요?

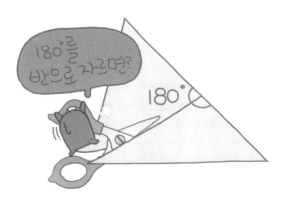

flat	count	point out	type
평평한	(수를) 세다	가리키다	유형

drawing	difference	length	curved
그림	차이	길이	곡선 모양의

exactly	measurement
정확히	치수

영어로 풀어보는 도형 문제

Problem

What shape did each student draw?

1.
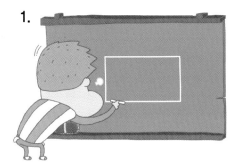
David drew a shape with 4 sides.

2.

Lisa drew a shape with 3 vertices.

Answer

1. David drew a (   ).

2. Lisa drew a (   ).

.... ★해석 및 풀이★ ....

문제 각 학생은 어떤 도형을 그렸나요?
　　　1. 데이비드는 4개의 변을 가진 도형을 그렸어요.
　　　2. 리사는 3개의 꼭지점을 가진 도형을 그렸어요.

정답 1. 데이비드는 (**rectangle : 직사각형**)을 그렸어요.
　　　2. 리사는 (**triangle : 삼각형**)을 그렸어요.

어휘 draw 그리다(과거형 : drew)